sobinfluenciaedições

Jazz
e política da existência
a música de Félix Guattari

Vladimir Moreira Lima

8	AGRADECIMENTOS
10	PREFÁCIO
12	INTRODUÇÃO: UMA ZONA DE VIZINHANÇA
25	POLÍTICA COMO TEMA DA EXISTÊNCIA
96	ALGUMAS IMPROVISAÇÕES
158	REEXPOSIÇÃO DO TEMA: O PARADIGMA ESTÉTICO
199	CODA – PEQUENO GLOSSÁRIO DA POLÍTICA DA EXISTÊNCIA DE FÉLIX GUATTARI

Para Ellen – pelo tempo, pelo extemporâneo.

Não é por uma prática exegética que se pode esperar manter vivo o pensamento de alguém importante que faleceu, mas somente através de sua retomada e recolocando para funcionar, com os riscos e perigos daqueles que se expõem a isso, para reabrir seu questionamento e para trazer o corpo de suas próprias incertezas.

Félix Guattari sobre Michel Foucault

Nunca nada está terminado, com exceção do que é medíocre ou pretensioso. Os únicos que deveriam estar interessados em "obras-primas" são os museus e as pessoas que não possuem nenhum uso para elas.

LeRoi Jones (Amiri Baraka) sobre Don Cherry

AGRADECIMENTOS

Este livro é fruto do realce de algumas apostas sobre a obra de Guattari com o jazz que já se apresentavam, em meio a outras questões, no livro *A partir de Guattari I: uma política da existência,* que publiquei em 2019.

Agradeço, portanto, a sobinfluência pela contribuição que deu para que este realce existisse. Agradeço também a algumas pessoas que, cada uma ao seu modo, se interessaram e conversaram comigo, desde 2019, justamente sobre o que hoje se torna um livro. Evidentemente os equívocos são todos meus, mas foi imprescindível ouvir e, com sorte, aprender o que pensavam para que eu pudesse alterar algumas questões e, principalmente, desejar que este livro existisse enquanto tal. Agradeço, assim, a Adriany Mendonça, DJ Castro, Eduardo Pacheco, Ellen Araújo, Erick Araujo, Jean-Sébastien Laberge, José Carlos dos Anjos, Marcio Goldman, Mariana de Toledo e Ovidio Abreu. Agradeço também a Formação Livre em Esquizoanálise (Flea) e ao Núcleo de Antropologia Simétrica (NAnSi) pelas elaborações coletivas acerca das ideias de Guattari. Agradeço ainda, e mais uma vez, a Eduardo Pacheco e José Carlos dos Anjos pela escrita do generoso prefácio e a Erick Araujo pelas inúmeras e extremamente valiosas sugestões para este texto.

PREFÁCIO
Eduardo Guedes Pacheco e José Carlos dos Anjos

E se este prefácio mimetizasse o modo como Vladmir Moreira Lima parte de Félix Guattari? De nossa parte estaríamos partindo do autor deste livro para nossas próprias viagens. Então estaríamos reverberando Guattari através da obra de Vladmir. Talvez esse seja um modo ler o presente trabalho que pode render viagens, sobre viagens. Desde que partir de alguém, de uma obra, seja entendido como movimento com as ferramentas do autor em direção a processos imprevisíveis de singularização que não seria isolamento mais partilha – esse é o princípio de restrição que o livro propaga. É nas trilhas desse princípio que estaremos nestas próximas breves páginas partilhando uma possibilidade de leitura da Música de Guattari. Exibiremos um movimento que convida a outros movimentos, outras singularizações, mais ou menos distantes do modo como pudemos ler esse trabalho tecnicamente exigente.

Ler – escutar – a Música de Guattari é efetivamente uma viagem para uma série de desterritorialidades que não se encaixam perfeitamente, uma desacomodação permanente, força que compele a novos deslocamento, constante processo de autodissolução. O jazz, a micropolítica, a esquizoanálise, parecem territórios, mas são também movimentos, convites para uma "partida para o infinito".

Nós lemos o livro como o desdobramento de um enunciado de Deluze e Guattari: "O problema é realmente musical, tecnicamente musical, o que o torna aí tanto mais político". Se poderia dizer, sob esse mote que o livro é sobre como o jazz é tecnicamente político. Mas inversamente, que a política, tal como a concebe Guattari, é uma forma de jazz (desnecessário dizer que não a política eleitoral, ou como é necessário dizer, a política que se faz na interpelação por problemas existenciais). O livro é sobre como há uma micro-política que atravessa o jazz no modo da articulação entre tema e improvisação particularmente em Monk. De outro modo, é a própria obra de Félix Guattari que está sendo musicalmente interpretada neste livro. Não sem que essa interpretação se dê a partir do modo como o próprio Guattari concebeu e praticou a esquizoanálise explicitamente como uma modalidade de improvisação sobre um tema- a análise – que é em tudo um movimento do jazz. E talvez o livro possa ser lido como mais um esforço para escrever musicalmente, fadado a ser perdoado por não sê-lo sob a potência absolutamente a-significante da música.

INTRODUÇÃO:
UMA ZONA DE VIZINHANÇA

> *O próprio mundo tornou-se uma espécie de órgão gigantesco, e a escrita uma música, transbordando por toda parte o universo sonoro.*
>
> Félix Guattari

> *Se ressituar como herdeiro de um desastre, e não apenas de um progresso, permite criar graus de liberdade inesperados.*
>
> Isabelle Stengers

Música e política. Mais especificamente, o jazz e a política de Félix Guattari. De modo ainda mais preciso: a criação musical, sobretudo, de três grandes pianistas, Duke Ellington, Cecil Taylor e Thelonious Monk e a criação política de Félix Guattari. Há, certamente, uma política imanente à criação musical. Mas este experimento também se interessará pela música que há na criação política.

Aqui, há uma aposta, arbitrária, de colocar uma certa experiência do jazz na vizinhança[1] do pensamento de Guattari.

---

[1] Expressão recorrentemente utilizada por Deleuze e Guattari, por exemplo, em *Mil platôs* (1980d: 64), quando escrevem: "[E]sse princípio de proximidade ou de aproximação é inteiramente particular, e não reintroduz analogia alguma. Ele indica o mais rigorosamente possível uma zona de vizinhança ou de copresença de uma partícula, o movimento que toma toda partícula quando entra nessa zona". Toda zona de vizinhança, assim, só pode existir mantendo as fronteiras dos componentes heterogêneos que estão próximos.

E, assim, especular, testar e experimentar que há algo na experiência desse verdadeiro universo – que é o jazz – que pode servir de interferência no modo pelo qual se concebe a política. No modo pelo qual, a partir de Guattari, pode-se conceber a política. Para dizer de outra maneira, há uma singularidade na riqueza do pensamento dos músicos de jazz que não apenas ressoa, mas repercute[2] na maneira que Guattari pensou a política e, sobretudo, pensou politicamente.

A questão, como se repetirá, é: como funciona um ato de criação política? Mais: o que é suscitado, nas práticas em que estamos inseridos (caso haja pertinência de utilizar esta palavra, política, em relação a elas), quando tomamos a política como um ato de criação? E, por fim: criação de quê?

As páginas que se seguem podem ser lidas, no melhor dos casos, como uma tentativa de prolongamento do livro *O que é a filosofia?*, escrito por Guattari, junto com Deleuze. Primeiro, por conta da caracterização do pensamento como ato de criação. Depois, pela não inferiorização, sem hierarquia possível a ser estabelecida, entre as práticas de criação e entre as maneiras de pensar. Em terceiro lugar, pelo fato de as maneiras de pensar também não se equivalerem, cada uma procedendo por um meio próprio, com técnicas específicas, vinculadas a heranças próprias, criando seres distintos.

Em *O que é a filosofia?*, Deleuze e Guattari querem pensar a singularidade da criação filosófica. Para tanto, invocam outras duas grandes e expressivas práticas ocidentais que foram tanto amigas como, e principalmente, inimigas da

---

[2] Na acepção sonora caracterizada por Isabelle Stengers (2005: 178) em que algo "repercute, de um outro modo, com outras tonalidades. Não o triunfo do mesmo, no sentido em que esse mesmo designaria um objeto bem definido, uma matéria para a teoria, mas da criação de uma questão que transforma".

filosofia, tentando dominá-la ou sendo por ela dominada, a saber: a arte e a ciência. Pois a filosofia só se torna uma atividade de criação, e mesmo de resistência, por meio do clamor, do apelo, endereçado às outras práticas, pela sua afirmação, também, como uma atividade de criação. Mas, e a política? Onde ela se situa em relação a essas práticas e mesmo diante de outras práticas de criação, ocidentais ou não, não caracterizadas em *O que é a filosofia?* Qual é a singularidade da criação política? Ela seria uma disciplina criadora entre outras?

O que se afirmará é que o pensamento de Guattari é um caso de criação política. A filosofia, a ciência, a arte e outras práticas de criação, outros processos de produção de maneiras de existir, são casos de criação política, ainda que não sejam apenas política, que Guattari passou a vida cartografando.[3] Na criação institucional ou na arquitetura, na religião, nos movimentos revolucionários, na arte, na filosofia, na clínica, na ciência... São tantas as práticas de criação pelas quais se interessou. E assim o fez por conta da própria textura do ato de criação política que instaurava como estilo de pensamento à medida que cartografava os processos de criação e resistência aos poderes e significações dominantes dos mais distintos meios.

Como recarregar uma outra política possível contra a quase ininterrupta atualização dessa invenção grega, ocidental, que durante os séculos foi uma mensageira do universalismo?

---

[3] Isabelle Stengers (2001: 130), em um texto decisivo sobre a prática cartográfica e sobre o caráter não filosófico do pensamento de Guattari, intitulado "Félix Guattari, 'non philosophe'? Lettre à Chimères", escreve que o "'não-filosófico' designa aqui o que Guattari não cessou de cartografar, de fazer existir e vibrar, dos universos de valores mutantes, oferecendo, como os seres aos quais a arte e a ciência devem sua existência, uma certa indiferença às questões da época".

Uma outra política possível contra a homogeneização, a equivalência e o estabelecimento de uma tecnologia de conjuração da diferença e da heterogeneidade, ao determinar a suposta solução de um aquém e de um além do que é heterogêneo como condição mesma de possibilidade para a coexistência entre heterogêneos. Supostas soluções como a lei na ágora, o Estado, sem dúvida, mas igualmente o colonialismo e o capitalismo – todo tipo de universal.

Pensar o ato de criação política passa, portanto, por pensar a política prescindindo de toda forma de universal. O que surgiria daí? Ou, antes, como pensar prescindindo dos universais, quando se está inserido nessa herança que os reconstitui a cada momento? Como situar a invenção da política como um desastre, que devastou e continua a devastar também sob sua capa progressista, iluminista, humanista, democrática, a heterogeneidade possível de outros modos de fazer a vida valer a pena, sem cair na nociva palavra de ordem do "fim da política", da "morte da política", tão sonhada pelo capitalismo, onde não existiriam possíveis a serem experimentados, forjados, fora de suas condições totalitárias e totalizantes que controlam a realidade? Como herdar a política como um destino que não se escolhe receber e, mesmo assim, negociar com ele os graus de liberdade que podem recriá-lo?

Há mais questões. Pois cabe perguntar, ainda, o que significa exatamente considerar algo como sendo político? Por que essa palavra, mágica, conferiria de imediato a dignidade a uma atividade ou a um problema? Sem dúvida, aquelas e aqueles, como Guattari, herdeiros da luta socialista, seja ela marxista ou anarquista, dos grupos minoritários, travam uma importante batalha para dizer que há política, aqui e ali, por toda parte onde se fabricam as opressões. Pois travam uma batalha contra um estado de coisas capitalistas que torna natural, ou sobretudo genético, congênito, todos os tipos de efeitos ainda inomináveis da sua lei mortífera e devastadora. Natural, isto é, essencial, inevitável, sem transformação possível. Fatalismo, não destino.

À aceitação cínica da situação, opõe-se a afirmação da política. E, com ela, talvez, um pouco de abertura. Essa luta deve ser celebrada. Porém, ao fazê-lo, os mesmos possíveis correm sempre o risco de serem bloqueados de antemão. Pois a mesma palavra, sua prática, a certeza de suas fronteiras (sejam elas mais ou menos alargadas), parecem sempre refletir as luzes que a trouxeram até aqui. Luzes que podem cegar para a singularidade e a riqueza das ressingularizações que existem em infinitos meios de existência.

Resistir a praticar a política como um progresso, fruto de um desenvolvimento que retira a força da alteridade no momento exato em que impede sua existência, seu acontecimento, sua presença enquanto alteridade. Resistir a praticar a política como um rolo compressor, mesmo e sobretudo, quando não se fala ou só se fala de política.

É aqui que intervém a hipótese deste experimento: há no jazz uma complexa tecnologia de pensamento e de criação que alimenta e é alimentada por modos de negociação entre o destino e a liberdade, entre o que se recebe para além da vontade humana e os graus de liberdade que podem gerar outros possíveis de vida para o destino e a liberdade em jogo. Essa tecnologia é condensada nos procedimentos, nos estilos, nas concepções da música e nas técnicas que os músicos de jazz forjaram para sustentar concretamente essa questão. A política exclui o destino, dá todo o poder ao que instaura como inventividade da liberdade humana. Mas não deixa de ocupar o lugar do destino e se transformar em uma herança constituída por essa exclusão e pela concepção de liberdade aí fundada. Foi LeRoi Jones (1968, 52-53) quem mostrou como aquilo que se chama tema e improvisação, no jazz, são ressingularizações de um aspecto processual e singular da música cultivada pelos povos africanos, que foram escravizados e levados aos EUA. Reativado através das canções de trabalho, dos *spirituals,* e condensado como um universo de referência para toda a música afro-americana no *blues,* esse importante aspecto é o "chamado-resposta". Em *Black Music* (2014, 176-177), Jones escreve:

> A linha que poderíamos traçar, como "tradição" musical, é aquela que nós, como povo, desfrutamos e preservamos da melhor maneira que nos foi possível. A forma "chamado e resposta" (voz principal e coro) que chegou desde África, não nos abandonou nunca como modo de expressão musical. Persistiu como forma vocal e instrumental.[4]

Chamado, tema. Resposta, improvisação. A conexão entre um e outro não tem nada de simples. Talvez seja possível conceber que essa dinâmica processual do chamado-resposta, como também nos mostrou Jones (1968, 29), quando retomado enquanto tal, isto é, na sua própria variação contínua,[5]

---

[4] Os trechos de livros citados que ainda não possuem tradução para o português foram direta e livremente traduzidos pelo autor.

[5] Tentando escapar das alternativas que colocariam a tradição como um todo constituído, originário, puro, em oposição a uma criação em sentido fraco, sinônimo de falsidade estratégica, contaminada e inautêntica, Guattari escrevia, justamente a respeito do jazz: "a ideia de 'devir' está ligada à possibilidade ou não de um processo se singularizar. Singularidades femininas, poéticas, homossexuais, negras, etc., podem entrar em ruptura com as estratificações dominantes. Para mim, esta é a mola mestra da problemática das minorias: é uma problemática da multiplicidade e da plura-

é a criação e o suporte de um modo de existência em que destino e liberdade não estão ontologicamente cindidos e nem são a mesma coisa. Permanecem existindo como destino e liberdade. É, por exemplo, justamente em contraposição a um mundo do predeterminismo da liberdade humana que Jones (1968, 29) escreveu:

> [...] o que acontece quando um membro da tribo dos Iorubá, no Daomé, que acreditava que 'o universo era regido pelo destino e que a sorte de cada homem era predeterminada', mas que 'existiam meios de escapar do destino invocando a bondade de deus', era reduzido a escravo e começava a ser modelado por uma filosofia que atribuía toda glória ao espírito humano?

Um chamado que se impõe, tal como o destino, como tema. E uma resposta que se dá, tal como a liberdade, como improvisação. Foi a música, inclusive, dada a sua natureza incorporal, desterritorializada e desterritorializante, comparável apenas à religião e às artes não plásticas, que serviu de catálise para cultivar uma maneira de existir à altura da própria vida durante a experiência da escravidão e de suas continuidades: "[a]penas a religião (e a magia) e as artes não plásticas não foram inteiramente submergidas pelos conceitos euro-americanos. Nem a música, nem a dança e nem a religião produzem objetos: foi isso que as salvou" (2014, 37).

---

lidade, e não uma questão de identidade cultural, de retorno ao idêntico, de 'retorno' ao arcaico. No caso de traços arcaicos serem retomados – por exemplo, traços das religiões africanas que existiram centenas de anos atrás –, não é enquanto arcaísmos que eles adquirem alcance subjetivo, mas na sua articulação num processo criador. É o caso, por exemplo, do que há de mais vivo no jazz. Ele incorpora certos traços de singularidade dos *spirituals* negros para fazer uma música autêntica, que corresponde à nossa sensibilidade, nossos instrumentos e nossos modos de difusão, até que também essa música se choque contra o muro do Estado".

Martins Williams (1990, 224) ecoava, "pode ser que, através do jazz, os deuses estejam se preparando para suas metamorfoses" e, com ele, a dignidade dos possíveis que criam outros destinos. Prossegue Williams (1990, 223): o "jazz é a música de uns seres humanos cujas circunstâncias os fizeram se sentir indignos. Com o jazz, esses seres humanos descobriram sua própria dignidade e o fizeram de um tal jeito nunca antes experimentado pela humanidade". Ecoava, também, o próprio Guattari (1992a, 130-131):

> O jazz, por exemplo, se alimenta ao mesmo tempo de sua genealogia africana e de suas reatualizações sob formas múltiplas e heterogêneas. E será assim enquanto viver. Mas como toda máquina autopoiética, pode também morrer por falta de realimentação ou derivar em direção a destinos que o tornem estrangeiro a ele mesmo. Eis então uma entidade, um ecossistema incorporal, cujo ser não é garantido do exterior, que vive em simbiose com a alteridade que ele mesmo procede para engendrar, que ameaça desaparecer se sua essência maquínica for danificada acidentalmente – os bons e os maus encontros do jazz com o rock – ou quando sua consistência enunciativa estiver abaixo de um certo limiar. Não é um objeto 'dado' em coordenadas extrínsecas, mas um Agenciamento de subjetivação dando sentido e valor a Territórios existenciais determinados. Esse Agenciamento deve trabalhar para viver, processualizar-se a partir das singularidades que o percutem. Tudo isso implica a ideia de uma necessária prática criativa e mesmo de uma pragmática ontológica. São novas maneiras de ser do ser que criam os ritmos, as formas, as cores, as intensidades da dança. Nada é evidente. Tudo deve ser sempre retomado do zero, do ponto de emergência caósmica. Potência do eterno retorno do estado nascente.

É justamente sobre esse aspecto de força, de criação e recriação de um modo de vida brutalmente atacado pelo sistema de desterritorialização mortífera da escravidão e do colonialismo, que Guattari (2010, 12) também afirmava:

> [...] o jazz nasceu a partir de um mergulho caósmico, catastrófico, que foi a escravização das populações negras no continente norte e sul-americano. E depois, através de ritornelos, os mais residuais desta subjetividade negra, houve uma conjunção de ritmos, de linhas melódicas com o imaginário religioso do cristianismo, com dimensões residuais do imaginário das etnias africanas, com um novo tipo de instrumentação, com um novo tipo de socialização no próprio seio da escravidão e, em seguida, com encontros intersubjetivos com as músicas folk brancas que estavam lá. Posteriormente, existiu uma espécie de recomposição dos territórios existenciais e subjetivos, no seio dos quais não só se afirmou uma subjetividade de resistência por parte dos negros, mas que abriu linhas de potencialidade a toda a história da música, e não unicamente à história da música norte-americana: lembro a vocês que Debussy e Ravel, os maiores músicos ocidentais, foram extremamente influenciados por esse ritmo e por essa música de jazz.

A ideia vital, portanto, de negociar o destino com a liberdade, desenvolvida por meios musicais, no jazz, por procedimentos concretos presentes no pensamento de determinados músicos, tal como veremos, se colocada em uma zona de vizinhança com a política – ela mesma concebida como uma herança, como um destino – faz aparecer, em primeiro lugar, a questão de como responder a esse tema. E, em segundo, como essa resposta abre a prática política para outros possíveis, injetando no próprio destino outras determinações.

Outras questões aparecem. E se o próprio pensamento de Guattari fosse considerado como uma música, como uma composição de jazz? Qual é e como funciona o tema? Quais são e como funcionam as improvisações? Como o tema é reexposto? É nesse sentido que será afirmada – colhendo as implicações desta afirmação – a existência de uma música de Félix Guattari; em sua obra, em seu pensamento.

Jazz é a música de Guattari. Evidentemente, não é que o jazz lhe pertença. Muito menos é o "gênero" musical favorito do indivíduo Guattari. Aliás, não foi nem sobre o jazz que Guattari mais se debruçou quando pensou junto à música. Mesmo que não tenha deixado de considerá-lo[6] algumas vezes. Na mesma medida que as palavras trapaceiam o pensamento, são elas que temos para cultivá-lo por entre os riscos e perigos que o enfraquecem. Se sua obra puder ser interpretada como uma música, o que escutamos é uma composição de jazz. E, inclusive, a interpretação de

---

[6] Para mencionar algumas destas vezes, além daquelas aqui explicitadas: em 1970, em uma emissão radiofônica com André Hodeir e Yves Buin, que me relatou via comunicação pessoal, Guattari esboçava a sua então nascente esquizoanálise a partir da vida e da obra de Charlie Parker. Cabe lembrar que o mesmo Yves Buin é autor de um livro sobre Thelonious Monk e apresentou nos Seminários de Guattari, em 1988, uma fala sobre a improvisação em Monk. Em 1980, com Deleuze, em *Mil platôs*, ao pensar as línguas menores, em especial o *blackenglish*, e, sublinha-se, o "quanto mais uma língua entre nesse estado [menor], mas se aproxima não somente de uma notação musical, mas da própria música" (1980b: 50-51), é, entre outras referências, ao capítulo 3 de *Le peuple du blues*, de LeRoi Jones, que remete sua análise. Em seus Seminários (1981c, 1984b, 1987c) invoca o jazz ao tratar de importantes questões em desenvolvimento, tais como a noção de agenciamento, os movimentos de ruptura a-significante e de criação de territórios existenciais.

uma obra, de um acontecimento ganharia se fosse entendida como uma interpretação musical, como nos sugere Guattari (com Rolnik, 2005, 269-270):

> [...] é, exatamente, como a nota musical numa expressão sinfônica: ela pode se dar, no tempo, no registro do ritmo, da construção melódica, da construção contrapontística e harmônica, e nos registros instrumentais os mais diversos. No caso da música, fica evidente que não faz sentido dizer que certas concatenações singulares de notas, que pertencem especificamente a um desses níveis, seriam o interpretante geral dos outros níveis. As notas musicais não pertencem ao piano, mesmo que nele sejam tocadas, mas à melodia, à intenção do universo musical proposto. Atualmente, os músicos já consideram que a música não consiste apenas em repetir notas, que o referente não está apenas no texto musical, e sim na produção de um movimento de expressão, que se chama interpretação. E se a interpretação dos psicanalistas adotasse o sentido que essa palavra tem para os músicos, eu pararia de aporrinhá-la – e pararia também de aporrinhar os psicanalistas[.] Uma análise deveria te dar simplesmente um *plus* de virtualidade, como um pianista, para certas dificuldades. Isto é, mais disponibilidade, mais humor, mais abertura para pular de uma gama de referências para outra.

Trata-se de interpretar no sentido musical para escutar um pensamento que não é música no sentido estrito. Certamente essa música não existe, se utilizarmos um ouvido e um entendimento ordinariamente literal. Por outro lado, essa música não deve existir como fruto da metáfora, da analogia, "como se fosse jazz", onde a relação é estabelecida por uma máquina que está interessada em outra coisa que transcende as texturas ontológicas, a experiência, a criação existencial na sua concretude mesma daquilo que é posto na zona de vizinhança. É assim que o jazz (e seus músicos) pôde ser supostamente enaltecido e desvalorizado ao mesmo tempo. O jazz há muito tempo e, mais recentemente, toda criação de grupos minoritários, exalam conexões que são a todo tempo aniquiladas em uma espécie de conversão monoteísta generalizada, típica da subjetivação capitalística, em que qualquer coisa pode ser trocada por outra ao sabor das altas e baixas das moedas que regem as significações dominantes, do poder e do *status quo* de meios específicos. É o que acontece, por exemplo, com inúmeras práticas de pensamento – como a música e a religiosidade negra – que são tolerantemente permitidas por aqueles herdeiros de práticas (como a política e a filosofia ocidental) que outrora as excluíam do direito à existência, e são por eles supostamente enaltecidas a participar com suas igualmente supostas verdades mais verdadeiras, originárias e puras. Tolerância esta que não só segue coexistindo como retroalimentando a intolerância da exclusão.[7] Será que não há outra coisa a fazer, a pensar, a não ser estar nesse lugar que detém o poder de exclusão e inclusão? Afinal, conexão não é conversão. Só há conversão com a certeza de que há um modelo e a decorrente vontade de universalizá-lo, tal como a vida de Cristo.

É inevitável que nessa zona de vizinhança, cujo desejo é pensar a criação política que repercussões sobre o jazz surjam. Sobre essas, não é suficiente o desejo de não desqualificar a história e, sobretudo, a altura da dignidade da existên-

---

[7] Passar – para tentar escapar – entre as infindáveis formas de tolerância e intolerância talvez seja um dos grandes desafios da continuidade de um modo um pouco menos vergonhoso da prática filosófica. Sobre esse ponto, é crucial a referência a *Cosmopolitiques I e II*, de Isabelle Stengers.

cia de muitos que trabalharam, e tantos outros que seguem trabalhando, para fazer com que a vida e a música assim chamada jazz existam. Por isso, essa zona de vizinhança não se realiza só por meio de sua explicitação e, muito menos, não é passível de ser conformada a uma profissão de fé, a um princípio. Nas páginas seguintes, então, e já com estas palavras, tal zona de vizinhança pode começar ou não a ganhar consistência como tal. E ao fazê-lo, este experimento será um engano profícuo ou, como dizia Thelonious Monk para uma improvisação que não deu certo, um grande *wrong mistake*.

POLÍTICA COMO TEMA DA EXISTÊNCIA

Como diz Félix, antes do Ser há a política.

Gilles Deleuze

A música, toda música, é um modo de expressão dos mais artificiais. E isso autoriza vias de acesso igualmente artificiais. Penso inclusive que tudo o que há de artifício na sociedade, a começar pela linguagem, as religiões, os modos de produção, os modos de sociabilidade, procedem com algo que tem a ver com a música.

Félix Guattari

1.1 – Sobre o procedimento chamado-resposta

Tomar o pensamento de Guattari como uma música, para experimentá-lo como um pensamento político. A música fornece uma dinâmica de movimentos que permite caracterizar um funcionamento da política. Essa dinâmica, ou circuitos de movimentos, diz respeito às ideias de tema e improvisação. Na linguagem musical, normalmente, essas ideias são compreendidas como formas musicais, que organizam a estrutura de uma música. Sem deixar de lado essa perspectiva, utilizarei essas expressões a partir de um movimento musical específico, tomado como um universo de referência, cuja noção de forma não tem o privilégio estruturante; onde tema e improvisação ganham outras consistências. É a noção de tema e improvisação tal como são postas para funcionar na experiência do jazz.

LeRoi Jones foi quem mostrou que a dobra tema-improvisação, basilar do jazz, ainda que manejada de diferentes maneiras por seus compositores, rapidamente poderia ser enquadrada em formas europeias, tal como a forma Tema e Variação, Sonata ou Sinfonia (cujas estruturas perpassam, sem dúvida, uma relação tema-variação)[8], no entanto, não tem a gênese de sua força e natureza aí, em tal enquadramento. Quando parece se utilizar dessa estrutura é para passar algo mais importante, a saber, o processo "chamado-resposta", indistintamente musical-existencial, plástico, cada vez recomposto pelas modulações da música afro-americana. Tal processo não se exprime nas recomposições, como se pudesse ter uma existência essencial anterior a sua expressão.

---

[8] Desde *Blues People*, LeRoi Jones destacava que um dos componentes mais importantes para compreender as transformações estilísticas desde o blues e, principalmente, no interior do jazz, passava pela resistência a uma captura branca. Nesse sentido, o *free jazz*, por exemplo, é uma resistência, que nada tem de reativa, pois o que está em jogo é relançar a força de algo ameaçado, ao *cool jazz*. Em outro escrito, quando tratava da política racial travada por meios musicais no interior do jazz, assinalava como o *cool jazz*, por sua vez, era uma tentativa de reação e enfraquecimento do *bebop*. E o elemento destacado passava, justamente, por um desligamento do tema e improvisação do jazz com sua matriz generativa do "chamado e resposta" através de um enquadramento desse mesmo tema e improvisação às estruturas das formas musicais europeias, como o tema e variação. "Creio que o desenvolvimento da escola do *cool jazz* serviu para obscurecer o verdadeiro legado do *bop*, que consistia na variedade e na liberdade rítmica. O *cool jazz* tendeu a regularizar os ritmos e fazer linhas melódicas mais suaves, era menos irregular, apoiando-se mais na variação 'formal' da linha, no sentido mais clássico de 'tema e variação' […]. A música formal europeia começou a ser canonizada, não era mais um meio e sim como uma espécie de modelo".

O processo é imanente às expressões. Sobre Lester Young, LeRoi Jones (1963, 183) comentava algo fundamental de sua música, que exerceu enorme influência nas gerações futuras do jazz: "a estrutura riff-solo foi uma adaptação perfeita da antiga música vocal antifonal da África, tal como os cantos de trabalho e o *spiritual* afro-americanos". Jones (1963, 53) caracterizou dessa maneira esse componente fundamental da

> [...] música africana: a técnica da antifonia. Um solista canta um tema e um coro lhe responde. Estas respostas comentam, geralmente em versos improvisados, o tema do solista ou as réplicas que ele provocou. A extensão da improvisação depende da vontade do coro de continuar a cantar. Quanto a essa improvisação, como um dos aspectos maiores da música africana, ela sobreviveu vigorosamente na música negra americana. O caráter mesmo das primeiras canções de trabalho indica que eram em grande parte improvisadas. E, certamente, é a própria estrutura do jazz, a exposição melódica seguida de um número arbitrário de respostas ou de comentários improvisados.

Que não se veja, de forma muito esquemática e simples, que a música europeia, através das suas formas, seja inferior em termos de possibilidade de criação. Ao contrário, e mesmo a despeito de seus códigos e leis, de sua estrutura harmônica de profundidade e sua diacronia melódica, muitos criadores irão traçar uma linha de fuga propriamente rítmica em relação a esses sistemas. Essa é a perspectiva de Deleuze e Guattari no platô *"1837 – Acerca do ritornelo"*, em que se concentram em direcionar o olhar, tendo em vista o que aprisiona nesse meio específico, para o que foge e cria, desse meio e nesse meio. Como em Mozart, onde, antes de mais nada, os acentos propriamente rítmicos são primeiros, e todo o conjunto depende deles. "Redescobrir Mozart e que o 'tema' já era variação" (1980d, 112), para citar um compositor amplamente engajado, à primeira vista, na forma Tema e Variação e mesmo na Sonata.

O ponto interessante, então, como tanto insiste LeRoi Jones, é o de tentar entender as coordenadas existenciais, singularmente distintas, dessas duas tradições, conectadas com constelações de universos de valores igualmente heterogêneos. "É absurdo para um ocidental declarar que a voz do tenor wagneriano é superior àquela do africano ou do cantor de blues, tanto quanto seria para um não ocidental desprezar a *Nona sinfonia* de Beethoven sob o pretexto de que ela não foi improvisada" (1968, 57). A força do elemento da antifonia africana, portanto, não está em assegurar a incorruptibilidade de um elemento não ocidental e nem, por outro lado, na existência marginal subordinada às condições trágicas em que a música afro-americana se forjou. A força está na constituição existencial própria que, para ser avaliada, demanda a criação de constelações de universos de valores e de referência distintos. Ela não se adaptou mas, ativamente, adaptou o que encontrava ao que considerava importante manter vivo como fonte mesmo de recomposição da vida.[9]

---

[9] Sobre a distinção entre se adaptar e adaptar em Jones, remeto ao comentário de Marcio Goldman (2021: 304-305): "Contra a difundida hipótese de que o blues e, principalmente, o jazz nos Estados Unidos só podem ser entendidos como o resultado de um processo de influência, fusão, assimilação ou adaptação passiva à sociedade branca, Jones não procura opor a ideia de uma pureza e de uma independência insustentáveis nos contextos em que essas artes foram criadas. Em lugar disso, ele conta uma outra história, a de um movimento no qual a adaptação em sentido reflexivo e passivo (adaptar-se a algo) só pode existir ao lado ou subordinada a uma adaptação no sentido de uma apropriação ativa, ou seja, adaptar, mudar, o mundo".

O ritmo e a perspectiva responsorial da antifonia africana são importantes valores, tal como as famosas *blue notes*, postas como erro de escala, quando, no mínimo, constituem a presença de outra escala e, sobretudo, de uma fuga, pelos deslizes e redistribuições que se instalam nos intervalos da escala diatônica. Oriundas de um outro e importante aspecto dessa música, que é ser uma música vocal, mesmo que tocada por instrumentos.

> As letras que, na canção africana eram tão importantes, senão mais importantes que a música, permaneceram na música negra americana. Os "gritos" e os "berros do campo" eram simplesmente letras altamente rítmicas. Mesmo na música instrumental, encontramos retomados os elementos da música vocal. O blues é a imitação mais fiel que eu conheço da voz humana, bem como os efeitos vocais que, desde Bunk Johnson até Ornette Coleman, os músicos de jazz experimentaram (e me parece justo concluir que a escala africana e a escala do blues derivam dessa concepção musical, que produz valores de notas desconhecidos na escala temperada ocidental, mas que podem, por outro lado, ser tocados pelos instrumentos ocidentais (Jones, 1968, 55).

Esses universos virtuais serão uma fonte inesgotável para a recomposição da música negra, a partir da efetuação que o blues encarnou e, por ter encarnado, deu consistência à virtualidade à qual toda revolução musical, todo surgimento de um novo estilo da música afro-americana, terá que se reconectar para, ainda diferentemente, atualizar-se e criar uma nova música, nova cena e novos valores – realimentando, cultivando, esse virtual.

Ora, é justamente uma tensão desse tipo que pode ser altamente proveitosa para tentar vislumbrar o que é a política, e sua relação com o que não é, para Guattari. Os quadros de referência dentro da tradição na qual ele está inserido, tradição que inventa a política e a história da política, são insuficientes para apreender sua singularidade. Da cidade grega até os dias de hoje, a política oscila entre as posições paradigmáticas da infraestrutura e da superestrutura (e recebe, em cada uma dessas formas, todo tipo de conteúdo). A política, por um lado, como um conceito total e totalizante, onde "tudo é político", onde tudo é imediatamente político ou se encaixa em alguma ordem de causalidade em que a política aparece como gênese e razão de compreensão de um fenômeno delimitado. Ou, por outro lado, como a racionalidade de um campo específico, um conjunto ao lado de outros, com seus elementos determinados, seccionando o real.

É justamente esse sistema que o pensamento de Guattari põe em causa. E, por sua vez, os movimentos da antifonia, sobretudo tal como aparecem no jazz, por razões extremamente contingentes, podem ser altamente necessários para percorrer o movimento da política em seu pensamento.

Outro componente singular da dobra tema-improvisação, segundo Jones, está na preponderância do ritmo sobre as dimensões melódicas e harmônicas. O tema-improvisação do jazz, a partir da antifonia chamado-resposta, não erige o tema como uma infraestrutura, como um desenho ou como um personagem que deverá, sobretudo na exploração harmônica, na ornamentação ou no destacamento de uma de suas secções, ir em direção a uma nova melodia. São outras coordenadas. Não é um pensamento musical que se estabelece por determinações e profundidade.

1.2 – O valor do ritmo

Eis a razão do primado do ritmo sobre a harmonia e a melodia no duplo sentido, comentado pelo pianista Cecil Taylor (citado por Carles e Comolli, 2000, 359): "o ritmo se torna melódico e os instrumentos melódicos se tornam rítmicos". Não que as melodias não existam, evidentemente, mas só chegarão a desempenhar uma importante função na medida que são "ocupadas" pelo ritmo, ainda que por meios propriamente melódicos ou harmônicos. É o ritmo, é uma conexão rítmica, de acentos, timbres, tensões inesperadas e temporalidades novas que dão consistência à passagem e à imanência do tema com a improvisação. Diz ainda Taylor: "há na nossa música diferenças de intensidade e de velocidade". Pois é o ritmo o recurso característico do modo pelo qual a improvisação, o solo, pode responder ao tema, os *riffs*. E pode constituir, simultaneamente, uma réplica do – e não apenas ao – tema, como nova improvisação ou, segundo a face da outra direção do mesmo movimento de resposta, o tema mesmo é uma recomposição permanente cuja improvisação acentua inflexionando seus caminhos.[10] E Baraka (2014, 75) notou que toda apropriação política da música negra era acompanhada por uma despotencialização tecnicamente musical do ritmo, a começar por separá-lo da melodia, contra o que chama de "inserção do ritmo no tecido melódico" explicitado com força com o *bepop*: "como se a parte rítmica se enxertasse diretamente na parte melódica. A melodia de '*Ramblin*' [de Ornette Coleman] é em si mesma quase um padrão rítmico" (2014, 74).

---

[10] A este respeito cf. Jones (1968: 51) e Williams (1990: 13).

Do alto valor do ritmo e suas implicações na noção de improvisação, pode-se incorrer no próprio esmagamento da singularidade que carrega o vínculo entre liberdade e improvisação quando considerado inseparável do tema. Sentidos esses não musicais que, evidentemente, se projetam sobre o sentido musical, inclusive na definição do que é a improvisação no jazz. Assiste-se a um desprezo muito grande pelo tema ser acompanhado de um enaltecimento da improvisação. Com toda boa intenção possível, o tema se identifica com uma base sólida e estrutural, e a improvisação, como o reino da manifestação espontânea – e pura, sem constrangimentos – da liberdade. O tema como algo relativamente idêntico que, quando retirada sua identidade, pode ser posto em variação pela improvisação. Tema, segurança; improvisação, experimentação.

A aposta aqui é outra. Aposta-se que o tema seja o verdadeiro sujeito da improvisação. A improvisação é que marca, vinda de fora, a necessidade desse sujeito de encarar a sua própria dissolução e renascer através dela.[11] Quais efeitos teremos, inevitavelmente, que colher no campo aberto por essa aposta?

O jazz, também conhecido como "arte da improvisação", parece ser muito mais, uma arte de recomposição do tema, em que a improvisação se mostra um lugar privilegiado de interpelação temática. A improvisação é um desdobramento do tema que, quando ocorrido, torna-se diferente dele. Mas o tema é, em si, uma dobra, inseparável da improvisação. Todo tema, no jazz, nasce para ser improvisado. Chamado e resposta: um chamado que só existe com a condição de ser ouvido. Mesmo o silêncio é uma resposta. E é só nesse

[11] Penso aqui nas formulações de Guattari (1972) acerca do que denomina "grupo-sujeito", uma concepção, digamos assim, nada subjetivista, muito menos individual, da noção de sujeito.

movimento que o tema aparece e atualiza, no jazz, o chamado da antifonia. É apenas nesse desenrolar que a improvisação é uma resposta ao tema; e o tema, "respondido", relança a questão. Todo tema é um problema. Nenhuma improvisação o resolve, mas o desenvolve, o sustenta, o transporta, o recria.

Por outro lado, o tema, se continuarmos o ponto de vista de sua não decomposição, faz seu caminho através da transmutação das respostas, ele é essa transmutação. Ao mesmo tempo, nota-se como a improvisação é, nessa concepção de tema, afastada de todos os clichês espontaneístas, naturalistas, de todo "jeitinho", e se torna, quer seja considerada como relançamento indireto do tema ou movimento direto do tema, uma atividade de composição do tema.

Nessa heterogênese entre tema e improvisação, jamais se trata de compor o tema originário. E o tema jamais tem por função permitir a improvisação final. Quando a música contemporânea dita experimental, ou tendências relativamente próximas, em sua vertente "não-música" ou *noise*, na busca do acaso e da indeterminação total, signos da completa liberdade e da imprevisibilidade, procura dar vazão a uma improvisação perfeita, total, liberada de todo tema, parece estar movida pelo mesmo clichê, mas para concluir o oposto de uma suposta liberdade: as improvisações são muito previsíveis, contidas no tema, seja pelo desenvolvimento harmônico, pelas variações melódicas, etc. No limite, se a improvisação é tomada como a efetuação de uma liberdade sem conexão com nada anterior, puro instante e intrusão do acaso vindo dos ruídos do mundo, dos barulhos disformes, controlados ou não, o jazz não apresentaria improvisação alguma. O ponto principal é que, na perspectiva dessa vertente "não-música" da música contemporânea experimental, não se trata apenas de uma visão metafísica da improvisação, mas pressuposição, igualmente, de uma visão fundacionalista e ontológica do tema. Sempre uma alternativa do tipo tudo ou nada: ou a improvisação é programada e predeterminada pelo tema, ou é realização da liberdade total, por meio do abandono do tema. De certo modo, diz respeito a um ponto de vista que se move sob o terreno fortemente regimentado pela filosofia ocidental (com suas exceções: Spinoza, Nietzsche…) e pela tradição religiosa judaico-cristã em que destino e liberdade são inconciliáveis enquanto tais. A partir dos textos de Jones (1968 e Baraka, 2014), é possível pensar e sentir que o jazz, por conta de sua vinculação ao pensamento africano, materializa tecnicamente, em seu funcionamento musical, um universo de valor em que há uma sólida, e agônica, harmonia entre o destino e a liberdade. Não há inconveniente nenhum em se situar no cruzamento, no encontro, do mais tenaz destino com a mais decidida liberdade – um destino e uma liberdade que não perdem, em momento algum de suas negociações vitais, suas características mais singulares. Estando em jogo, simultaneamente, todo destino e toda liberdade.

1.3 – Destino e liberdade, tema e improvisação

"O problema é realmente musical, tecnicamente musical, o que o torna aí tanto mais político", escrevia Guattari com Deleuze (1980d, 156). Pode-se não dar nada para essa frase e achar, como uma rápida interpretação sugeriria, que dessa é uma questão relativa aos envolvimentos dos músicos – e suas composições – com os movimentos políticos. Tanto na direção de uma complementaridade ou participação quanto de uma utilização da música para fins políticos.

No entanto, penso que, ao contrário do que rapidamente seríamos habituados a entender, tal afirmação não se destina a estabelecer a relação entre música e política por meio de elementos exteriores à música. Elementos que a sobredeterminariam, como o contexto onde a música é criada, a suposta ideologia que veicula ou o envolvimento dos músicos em questões sociais de seu tempo. É no que há de mais musical que algo se torna ainda mais político. Ou melhor: é naquilo que há de mais técnico na práxis musical que algo se torna ainda mais político, uma vez que, tanto na experiência da antifonia quanto no pensamento de Guattari, de maneiras distintas, o chamado e o tema revelam uma problemática de criação existencial que coloca em jogo o problema da liberdade. Dessa vez, vinculado ao destino. O chamado é: o que fazer da existência? Tomar a política como um tema não significa outra coisa do que tomá-la como um tema da existência, esta que é a música por excelência, puro plano de movimentos irredutivelmente a-significantes. A política como tema da existência. Por que, então, o problema, ao se tornar tecnicamente musical, se torna ainda mais político?

Sigamos o seguinte exercício: pensar a política como um tema, tal como os músicos de jazz concebem em suas músicas, e a cada passagem por uma práxis específica, por um meio, surgiria uma improvisação desse tema. Ou, o que dá no mesmo, cada práxis como meio de colocar o tema em improvisação. É a passagem da política por uma práxis que abalará a significação dominante da própria política, que só poderá ser outra se confrontada com a importância e a necessidade da presença, na política, das circunstâncias e das singularidades dos meios que ela encontra. Guattari fala, em diversos momentos, da necessidade de "alargar o que entendemos por política" através da consideração de processos de naturezas distintas entre si e, também, distintos daquilo que se considera político desde uma significação dominante da política. A enumeração desses processos presentes em seu pensamento beiraria quase o infinito: das rádios livres, do delírio dos psicóticos ao mundo intensivo dos bebês, dos nômades às gangues de Nova York... É esse o alargamento que se efetua.

A conexão tema-improvisação nas técnicas efetuadas pelos músicos do *free jazz* lança algumas luzes sobre o movimento de conceber um tema. Cecil Taylor e Ornette Coleman, por exemplo, parecem ter essa concepção do tema – no sentido de uma ideia e de um modo tecnicamente musical de concebê-lo. É o que também nos mostrava LeRoi Jones (2014, 104). Referindo-se a Coleman, escrevia: "a maioria de seus temas parecem ter surgido depois de terem sido improvisados". Nota-se: não é que os temas não existam, é que eles são continuamente concebidos e reconcebidos pelos processos de improvisação – paradoxalmente, uma improvisação de um tema que só surge depois da improvisação, em curso desde sempre.[12]

1.4 – A dobra tema-improvisação em Taylor, Coleman e Foucault

"[O] *free jazz* é muito importante porque restabelece a absoluta hegemonia da improvisação no jazz", (Baraka, 2014, 104). Tanto Coleman quanto Taylor "parecem elevar o ritmo para a superfície melódica de sua música", como em "Of what", do álbum *Looking ahead!*, de Taylor. É uma técnica de aceleração infinita do tema, que não pode ser reconhecido, anotado, pois o que está se instaurando são as improvisações,

---

[12] Cf., por exemplo, de Ornette Coleman, "Rock the clock", do álbum *The complete science fiction sessions*.

trabalhadas e retrabalhadas. "Cecil toca o piano como uma bateria, extrai ritmos como se fosse uma bateria, ritmo e melodia[.] O irônico é que Cecil seja pianista, e que o piano seja um instrumento harmônico" (Baraka, 2014, 150). Essa velocidade diz respeito à subtração dos acordes e seus centros, que dão peso ao tema e tornam a improvisação dependente. Jones (1968, 321-323) analisa essas técnicas:

> O mérito de Coleman e de Taylor foi o de criar uma espécie de jazz que é praticamente sem acorde (*non chordal*) e frequentemente atonal (no sentido que seus centros tonais são constantemente redefinidos segundo as necessidades ou o desenho e a direção da música que se toca, no lugar de serem fixados, como normalmente se faz, de maneira formal.

Há, ainda, uma outra técnica diferente do *free jazz* e que, no entanto, também confere à improvisação o início, o meio e o fim (tempo no qual o tema surge) da música. É a de John Coltrane:

> [...] que é fanaticamente "acordal". Nos seus solos ele ataca cada acorde como se quisesse isolar cada uma das notas que o compõem (e seus harmônicos), produzindo entidades separadas nas quais será extraída a mais minúscula das potencialidades musicais. Em cada caso ele redefine os acordes do acompanhamento, explorando minúsculos fragmentos cinéticos da melodia [onde aparece o tema], ao invés de determinar o sentido e o desenho que surgiria após o som global do acorde.

Esse modo de operar visível no jazz, no pensamento de alguém como Michel Foucault, acredito, ganha toda a estatura, força e riqueza de um estilo. Um estilo "problematizante", cuja operação estava em só chegar na política através "da elaboração de fatos, práticas e pensamentos que parecem colocar problemas para a política" (Foucault, 2006, 228).

Trata-se, para Foucault (2006, 228-229)

> [...] de pensar as relações dessas diferentes experiências com a política; o que não significa que se buscará na política o princípio constituinte dessas experiências ou a solução que regulará definitivamente seu destino. É preciso elaborar os problemas que experiências desse tipo colocam para a política. Mas também é preciso determinar o que significa 'colocar um problema' na política.

E o autor prossegue,

> R. Rorty observa que, nessas análises, não recorro a nenhum "nós" – a nenhum desses "nós" cujos consensos, valores, tradição formam o enquadre de um pensamento e definem as condições nas quais é possível validá-lo. Mas o problema é justamente saber se efetivamente é dentro de um "nós" que convém se colocar para defender os princípios que são reconhecidos e os valores que são aceitos; ou se não é preciso, ao elaborar a questão, tornar possível a formação futura de um nós. Creio que o "nós" não deve ser prévio à questão: só pode ser o resultado – e o resultado necessariamente provisório – da questão, tal como ela se coloca nos novos termos em que é formulada[.] Jamais procurei analisar seja lá o que for do ponto de vista da política; mas sempre interrogar a política sobre o que ela tinha a dizer a respeito dos problemas com os quais se confrontava.

O coração do pensamento político de Foucault está aí. E é, não por acaso, justamente isso que Foucault celebrava em Maio de 68, que teve a capacidade de "colocar para a política toda uma série de questões que não decorriam tradicionalmente do seu domínio estatutário (a questão das mulheres, das relações entre os sexos, da medicina, da doença mental, do meio ambiente, das minorias, da delinquência...)" (2006, 229). O problema, então, deve ser entendido como algo que força a escapar de limites pressupostos em um campo de experiência, em uma prática, designada e constituída por um ato de nomeação. No caso, o ato de nomear e batizar algo como sendo de ordem política.

Esse imperativo foucaultiano de que se deve filtrar a política a partir de experiências que, talvez, a princípio, podem ser ditas não políticas, faz com que certos "domínios da existência, cantos da sociedade e recantos do vivido" (Foucault, 2001, 920) questionem os limites da política e evidenciem as possibilidades de transformação, para aí se apresentar como novos objetos políticos e/ou para, aí, mantendo-se heterogeneticamente não-políticos, forçar a política a se recriar e se alargar.

O fato marcante é que foi na herança e no prolongamento de um acontecimento político, como Maio de 68, que Foucault se sensibilizou com um conjunto de experiências, como ele assinalava, de ordem muito mais éticas do que políticas, para pensar a própria política. Essas experiências são modos de existência que respondem à política e que Foucault então manuseia como resposta. Mas, se faz sentido pensar que o tema mantém sua importância, não vai se chegar a um ponto em que se tornará indiscernível da improvisação? Essa não poderia ser uma maneira de entender a declaração de Foucault (idem, 1404) acerca de sua obra: "o que me interessa é muito mais a moral do que a política ou, em todo caso, a política enquanto ética"?

Para tentar responder a essas questões, cabe voltar rapidamente ao jazz. Uma arte que, sem dúvida, elevou à enésima potência as práticas de improvisação, e não deixa de enriquecer a força guardada no tema que, como na música de Cecil Taylor, só pode ser concebido pela intensificação e experimentação dos processos de improvisação. Mas há, ainda, um outro modo de conceber o tema. Consistente em fazer com que a improvisação o recoloque incessantemente. No entanto, a presença do tema que anima os movimentos de improvisação e que, portanto, permite pensar algo distinto acontecendo, não se assemelha a uma simples exploração do tema, um desenvolvimento feito a partir de suas estruturas. É a própria presença contínua e literal do tema que funciona como um motor para a improvisação surgir. É outro procedimento, outra técnica. Aqui, não haveria uma política que passaria por uma práxis qualificada, mas uma passagem da política para uma práxis qualificada. A política vai "em direção a…", entra em seu coração, com o intuito de retirar a significação e os valores dominantes a ela relacionados, buscando fazer com que essa práxis possa se conectar com outras. Agora, o ato de nomear algo de política é que tem por função – tal é a aposta – criar uma nova sensibilidade, fazer valer a força de determinados problemas que eram inimagináveis em uma prática, em um *ethos*, em uma maneira de existir.

Foi esse procedimento de entrada da política no coração das práxis um dos pontos mais criticados no pensamento de Guattari. Os críticos apontavam para uma suposta ausência de precisão em definir a política e, ao mesmo tempo, uma "mania" de aplicá-la sobre tudo: a política diria respeito a tudo, estaria em toda parte e, justamente por isso, por conta do modo tão extensivo e geral em que se apresenta, não estaria em lugar nenhum, seria vazia, não teria consistência, seria um conceito universal, uma equivalência generalizada. E Guattari (e Rolnik, 2005, 158) ao ser questionado por essa crítica, diz: "responderia que efetivamente a política e a micropolítica não estão por toda parte, e que a questão é justamente colocar a micropolítica por toda parte". A questão parece ser: o que se ganha quando, através de um ato, se põe a política em certas práxis ou, o que dá no mesmo, se toma como política certas práxis que não são, que não estão preocupadas em ser ou não ser, ou ainda, que afirmam deliberadamente não serem políticas? Mas como respeitar essa decisão sem se identificar com ela, isto é, sem aniquilar *a priori* a possibilidade da afirmação da dimensão política no seio de uma prática não-política?

1.5 – A dobra tema-improvisação em Ellington e Marx

O que talvez esteja em jogo é uma concepção de tema tal como se apresenta na técnica de Duke Ellington, que fazia das suas improvisações um modo de enaltecer, enobrecer e valorizar o tema. Mesmo que esse processo poético de valorização possa ocasionar o estabelecimento de uma dessemelhança radical entre a improvisação e o tema, ainda se concretiza em respeito à presença do tema, no caso de Ellington, sobretudo, por respeito à melodia, à narrativa que conta, à história que se perfila. O tema é posto e reposto nas improvisações.

É o que Michel-Claude Jalard (1986, 70) chama de função poética da improvisação submetida à abordagem tecnicamente dialética do tema:

> A *démarche* de Duke nos parece essencialmente dialética, mas só contesta o tema por respeito. O que ele lhe retira, é

isso pelo qual ele se degrada, esse elã melódico que, para seguir, se aliena através dos empregos cada vez mais massivos de fontes vindas da sequência harmônica. A melodia de um tema de Ellington é uma matéria preciosa que não deveria ser distribuída e adulterada; ao contrário, deve ser valorizada, revelada em sua própria explosão. Isso porque o jogo de Duke, passo a passo, atrai os desenvolvimentos que ele próprio quebra, logo em seguida, através de traços de contrastes. O jogo de Duke dota o tema de uma inflexão de acordes autônomos que, em vez de esboçar a redução da linguagem harmônica, fazem emergir sua própria originalidade sensível: esboço das iluminações estruturais destinadas a colocar e lançar luz em tal ou tal aspecto. Finalmente, Duke garante a ordem do discurso descontínuo por uma certa poética do tema (no caso do blues, por um certo 'espírito blues') – entendemos com isso o seguinte: ele enriquece o tema à medida que suscita nele, e através dele, uma sucessão de contrastantes iluminações. Encontramos, assim, interiorizado e repensado segundo uma concepção pianística: visão do orquestrador".

Como iluminar um tema, como iluminar regiões de um tema? É o que o próprio Ellington (Dance, 1976) afirmava ser o mais importante de sua obra: "refletir o tema", compreendendo essa reflexão em um sentido físico, óptico, da palavra, isto é, como um modo de fazer com que o tema, sua estrutura, sua consistência, possa alcançar e ser perceptível, ser reverberado, no desenvolvimento sonoro que lhe é heterogêneo. A improvisação está, assim, a serviço do tema. Mas de um modo muito especial. O tema continua a falar através da improvisação. Porém, isso não significa uma ausência de liberdade em seu desdobramento. Do ponto de vista da improvisação, a questão que se coloca é: o que o tema pode gerar de novo, de diferente de si mesmo? O coração da ideia musical de Ellington, propriamente dialética, está contido aí: a improvisação é um modo de refletir a potência de um tema. Mas é uma dialética resplandecente. A improvisação é um modo de refletir a potência de um tema apenas na medida que o tema força a improvisação nascer, brilhar. O que pode este e/ou aquele tema? O que pode um tema sob tais e tais circunstâncias? Poder, aqui, não deve ser minimizado por um enquadramento jurídico que buscaria determinar o que o tema permite. A questão é: quais potências se tornam possíveis de serem experimentadas a partir de tal ou tal tema?

Não se pode jamais perder de vista que é um problema tecnicamente musical. É habitual encontrar, nas histórias do jazz, a afirmação do contraste entre Louis Armstrong e Ellington. Ambos solidificam o jazz então nascente, mas é como se Ellington atenuasse a força da improvisação edificada pela expressão orquestral de Armstrong – tida como a revelação mesma da essência do jazz – por conta de um suposto fechamento da sua música, exatamente na expressão orquestral. No entanto, é esse justamente o seu principal instrumento de improvisação. Um todo, para falar como Deleuze e Guattari, que está ao lado das partes, ao lado dos outros instrumentos reunidos na orquestra. Não é um tema, com seus desenvolvimentos, totalmente predeterminados, requerendo uma boa orquestra para executá-lo. A criação do tema, envolvendo todas as suas dimensões melódicas, harmônicas, rítmicas, era feita por Ellington, pensando em como esse tema poderia suscitar o que há de mais potente em tal ou tal músico, em tal ou tal instrumento (ao ponto de tecer, eventualmente, uma intensa relação de composição dos próprios temas, como ocorreu, para citar dois casos ilustres, com Johnny Hodges e Cootie Williams). E, principalmente, essa destinação temática continha em si mesma a aposta e a confiança na liberdade da improvisação dos músicos. Uma técnica concreta de Ellington consistia, então, em pensar o conjunto de notas de cada tema para cada instrumento, deixando deliberadamente uma parte em branco na anotação musical, que ele só determinava qual seria após a execução, com suas interpretações e improvisações do que foi dado, realizada individualmente pelos músicos. Trechos que eram incorporados no tema, na composição geral de uma peça e que, como desejava Ellington, foram suscitados pelo tema. Inevitavelmente, refletem o tema.[13]

Importante, também, é o que ocorre com seu piano. Por um lado, é o instrumento de composição dos temas, transpostos para a orquestra. No entanto, seu ponto mais notável é sua transmutação, a criação de uma nova função. O mesmo processo que faz da orquestra um instrumento que reúne e, ao mesmo tempo, está ao lado dos outros instrumentos, instaura um piano que está fora da orquestra, que não é um instrumento como os outros.

> [...] Muito mais que introduzir ou acompanhar, o piano ellingtoniano comenta a ação à maneira de um coro antigo, ao mesmo tempo protagonista e exegeta. Mesmo nas gravações em duo – com Blanton certamente, mas igualmente com Ray Brown – ou em trio (particularmente *The Duke plays Ellington*, reeditada sob o título *Piano reflections*), o cuidado das cores, dos contrastes e do espaço parece mais manifesto que aquele do discurso.

---

[13] Sobre todos esses pontos, conferir aquilo que o próprio Ellington e seus músicos pensam, tal como aparece em *Duke Ellington par lui-même et ses musiciens* (1976), de Stanley Dance. O livro de François Billard e Gilles Tordjman, *Duke Ellington* (1994), também oferece descrições interessantes.

E mais:

> [...] em detrimento das longas linhas improvisadas, o pianista Ellington preferirá sempre os enunciados breves, as oposições de massa entre notas graves e ligeiros acordes dissonantes no agudo, a fragmentação da mão esquerda[,] jamais verdadeiramente solista, mas jamais totalmente integrada ao conjunto orquestral, o piano de Ellington é como um espectador engajado da música que inicia, em um perpétuo jogo com o tempo (Billard e Tordjman, 1994, 40-42).

Quando a orquestra sai de cena, o piano de Ellington não perde esse funcionamento, inclusive ocupando-se, em uma formação inusitada, de temas consagrados pela sua própria expressão orquestral. A esse respeito, o cintilante álbum com Max Roach e Charles Mingus, *Money Jungle*, é marcante.

Nota-se: não é que tudo seja tema e que não existam improvisações, ou que tudo seja determinado pelo tema, um "ainda e sempre o tema", onde as improvisações são meros efeitos de uma estrutura temática. A potência dessa concepção de tema está justamente no ato que ela engaja e faz engajar quando transporta o tema para a improvisação. Como se a improvisação só pudesse começar depois que retornasse e retomasse o tema.

Como funciona a inserção, constrangida, decidida e com a força do destino, de algo em dimensões que lhe são estrangeiras, desconhecidas ou, no mínimo, indeterminadas? Quais são os efeitos? Qual é o valor de tal operação, de tal procedimento de composição? Única e exclusivamente do ponto de vista de um movimento, a política em Marx aparece como um tema que precisa ser conduzido até os confins do ser, no limite da universalidade. Eis outro traço vital do funcionamento da política em Guattari, que configura o dinamismo mesmo do pensamento político de Marx, dramatizado a partir do pensamento musical de Ellington.

Creio que tenha sido François Châtelet (1996, 38-81) quem expressou de maneira mais contundente a natureza política de *O capital*, quando afirmava que a invenção de Marx "não é a de uma nova doutrina filosófica", nem a descoberta das leis que regem "o continente história", mas o estabelecimento da "prioridade da política". *O capital* é um livro "político de ponta a ponta", diz Châtelet.

Há, nesse gesto, por um lado, a recusa em endossar uma concepção negativa da política, com suas doses de plausabilidades, que a confunde com o Estado: nada mais do que uma esfera fragmentada, conjunto de governo e instituições, totalmente a serviço da dominação de classe capitalista. Há, por outro lado, a recusa em erigir o famoso "corte epistemológico" althusseriano, em que a política (e a filosofia) são preocupações de um jovem Marx, imaturo, humanista, que serão superadas pela cientificidade do Marx de *O capital*. Por que *O capital* é pensado por Châtelet como sendo um trabalho político, de análise e pensamento político? Por que, como habitualmente se entende, não apenas os textos que versam sobre as situações revolucionárias, a luta política, as configurações do Estado, em suma, o jogo de forças e decisões que a humanidade trava para reger seu destino, podem ser tecnicamente considerados políticos? Ao lado do programa político – notadamente *O manifesto comunista* –, não seria *O capital* o livro de economia que mostra detalhadamente o modo e as relações de produção, as dinâmicas de exploração e reprodução capitalista?

A política, primeiramente, é o signo da própria recusa da divisão entre política e economia, uma vez que é a própria concepção da política como caso de Estado que está sendo posta em causa. Marx não é um economista político, ainda que revoltado. Marx é aquele que instaurou uma política da crítica da economia política, uma vez que a economia política, como sublinharam diferentemente Anselm Jappe (2014) e Moishe Postone (2014), é a própria justificação capitalista de seu processo. É um modo de pensar capitalístico – feito pelos economistas ingleses e por marxistas – que reifica o capitalismo, uma vez que é incapaz de pensar e situar a novidade circunstancial e histórica do valor (no sentido de Marx) e, necessariamente, o valor desse valor (no sentido genealógico, nietzschiano).

No entanto, Marx parte dessa divisão entre economia e política. Não vai se fundamentar na reivindicação de um sentido pretensamente originário desta. A política, a luta política, separada, será o elemento-chave que deve reconduzir e se reconduzir à economia. Dito em outras palavras, a análise do modo de produção capitalista, a análise de uma situação historicamente nova, determinada, deverá ser vista, segundo seus próprios meios econômicos, como sendo já uma luta política, enquanto tal, com seus artifícios próprios. Sobretudo o artifício capitalista, político, que consiste em abstrair a política de suas operações mais fundamentais, a saber, aquela da homogeneização, da equivalência generalizada, sintetizadas no conceito e na operação efetiva da instância do valor. O capital "é uma operação de poder antes de ser uma operação de lucro", dizia Guattari (2012, 91), captando o que há de mais importante no diagnóstico de Marx.

Assim, a política reencontra seu sentido de luta em Marx, não porque desmistifica ou denuncia uma realidade que manipula, que engana, que vive de aparências; mas sim porque a política é um signo do futuro. Caracteriza um procedimento para tentar abrir a possibilidade de criação de ferramentas – estas, sim, inseparáveis de lutas insurrecionárias e revolucionárias concretas – que possam inibir a amplidão da abstração capitalista e seus estados de opressões. Nomear política para que as dinâmicas do valor encontrem obstáculos, frustrações.

Tudo deve ser político, nesse sentido. A política deve ocupar todas as dinâmicas, acontecimentos, práticas, formações, níveis no capitalismo, para que a subtração ou, no mínimo, a explicitação do mais alto poder de abstração do valor possa permitir, ao menos, vislumbrar outros modos de existência. Portanto, o risco da própria política ser um agente de homogeneização e aplainamento é muito forte: como não se universalizar, tendo em vista que ela deve acompanhar o valor universal e universalizante, a que nada escapa? Marx escrevia, em *O capital* (2013, 229-230):

> […] mercadoria e dinheiro funcionam apenas como modos diversos de existência do próprio valor: o dinheiro como seu modo de existência universal, a mercadoria como seu modo de existência particular, por assim dizer, disfarçado. O valor passa constantemente de uma forma a outra, sem se perder nesse movimento, e, com isso, transforma-se no sujeito automático do processo

O valor passa a ser

> […] o sujeito de um processo em que ele, por debaixo de sua constante variação de forma, aparecendo ora como dinheiro,

ora como mercadoria, altera sua própria grandeza e, como mais-valor, repele a si mesmo como valor originário, valoriza a si mesmo. Pois o movimento em que ele adiciona mais-valor é seu próprio movimento; sua valorização é, portanto, autovalorização.

Essa abstração que faz eco com o movimento de equivalência generalizada do capitalismo é, como afirmam Phillippe Pignarre e Isabelle Stengers (2005, 28), justamente a tese da "desqualificação da política", "um veneno: aquele (e aquela) que foi envenenado se dedicará em definir os outros como 'perdidos', esperando a justa perspectiva, e não como protagonista com o qual se trata de aprender, politicamente, a coexistir". Nomear a política para que se possa nomear o capitalismo, para diagnosticar suas operações e, quem sabe, destruí-las. Pois, ainda com Pignarre e Stengers, "Marx sabia que era preciso nomear o adversário, a potência que enfeitiça, que captura o mundo e o pensamento, porque nomear é engajar a luta, é agenciar uma sintaxe que faça sentir que nada disso que se apresenta como normal o é" (idem, 73).

É o caso, então, como respondia Guattari a seus críticos, de colocar a política em todos os lugares para, como escreveu Stengers (2007, 1), "pensar uma deslocalização do político, sua reinvenção em todos os lugares onde a ideia 'isso não é política' deixa curso livre para a inventividade capitalista". E, atualmente, é o que mantém a porta aberta para as "inventividades" da extrema direita e dos fascismos de toda ordem.

1.6 – Linhas de fuga da política

Ora, não quero identificar o pensamento de Guattari como aquele que opera uma síntese, deliberada ou não, desses procedimentos de Foucault e Marx. Seria um absurdo! Por outro lado, essas técnicas que consistem em chegar no tema da política fazendo com que ela passe por uma práxis ou para uma práxis não existem enquanto tais, isoladamente, na ideia de política de Guattari. São duas técnicas, a de Foucault e a de Marx, que estão em heterogênese, e cuja heterogênese será o signo de uma outra técnica.

Há, em Guattari, um outro procedimento que consiste em – num só movimento – politizar tudo aquilo que poderia ser considerado não-político e recompor a política a partir de teorias, práticas e modos de existência não-políticos: limiares da política, sua dissolução e sua recomposição em regime de coexistência. Essa maneira de apresentação desmembra um movimento que, nas suas duas direções, não se distingue. Não há, no limite, duas direções. É um modo de colocar a política em uma encruzilhada cujos caminhos tomados jamais podem implicar o fechamento e a desconsideração dos graus de alteridade envolvidos, de maneira sempre arriscada, permanentemente abertos e atuantes. Trata-se de fazer com que a política perca suas significações dominantes e funcione como um nome, uma práxis, de criação existencial. No entanto, as dimensões a-significantes da existência só emergem como tais, no pensamento de Guattari, quando se utiliza o artifício da politização: quando são encaradas, diante de toda práxis, como focos de criação existencial. A política é, nesse sentido, uma condição e um resultado para "pegar" a existência em seus movimentos de recriação.

Dizendo de outro modo: para que as práxis tidas como não-políticas possam surgir como improvisações da política – da política como tema da existência, do problema que a existência coloca – é necessário, primeiramente, que a própria política possa se tornar um material apto à improvisação. Para isso, precisa perder sua significação majoritária e operar, simultaneamente, como uma improvisação.

É necessário, então, que a política se torne uma improvisação ao mesmo tempo anterior e posterior a qualquer outra improvisação. Ela deve ser colocada na encruzilhada da práxis de construção existencial e se confundir com essa práxis.

Guattari formula uma concepção de política destinada a aglutinar esse duplo movimento. Quando a própria política é posta nessa encruzilhada da criação existencial, surge a micropolítica:

> [...] a dimensão política deriva para uma dimensão micropolítica e analítica, a qual é fundamentalmente inapreensível em termos de militância. Isso não quer dizer que a dimensão micropolítica implique uma implosão contestadora, que proíba toda e qualquer possibilidade de organização da palavra, da ação, etc. Quer dizer simplesmente que tal dimensão vai reinjetar de maneira contínua todos os elementos a-significantes, todos os elementos de singularidade; vai tornar complexas as questões no momento em que, finalmente, pareciam ser bastante simples; momento em que se pensava ter conseguido chegar a um acordo. É exatamente esse o momento em que se vê que não é nada disso, pois a própria existência reemerge em sua singularidade. Essa é a dimensão – eu diria a linha de fuga – da micropolítica fora do campo do militantismo (Guattari e Rolnik, 2005, 352).

A micropolítica é, por sua vez, uma espécie de improvisação política da própria política. Uma dobra da política. Não é um conceito filosófico. É um componente de passagem.[14]

---

[14] É o que constitui especificamente um pensamento político, tomando o

Sua destinação é realizar a conexão entre aquilo que escapa da política, nela mesma, através da política, com aquilo que escapa em campos, agenciamentos ou práticas não-políticas, captados enquanto tais, paradoxalmente, por conta do próprio ato de nomeá-los como política – abordagem micropolítica já atuante.

Por aquilo que escapa, desejaria indicar dimensões existenciais que são focos de uma recriação possível da existência, um meio apreciado, em vias de se materializar em novas maneiras de existir. Aquilo que escapa é o que foge e, principalmente, faz fugir, transforma um campo considerado. Ora, só afirmo o que afirmo tendo em vista esta preciosa expressão, que é um agente rítmico-afetivo de todos os movimentos do pensamento de Guattari: a linha de fuga criadora.

---

seu ato de criação, como a instauração de componentes de passagem. Tal como Guattari (1979, 134) os caracterizava, ressaltando sua potência de conexão e atravessamento: "o que caracteriza os componentes de passagem [...] é que eles trabalham ao mesmo tempo na norma e na desterritorialização, na forma, na substância e na matéria; é nisto que eles permitem passar de um agenciamento a outro. Não pertencem ao espaço e ao tempo 'em geral'; efetuam espaço e tempos particulares". Nessas conexões e atravessamentos, os componentes de passagem que são criados são capazes de recriar os possíveis existenciais de um meio, de uma prática ou de um modo de vida específico. Pois, segundo Guattari (idem: 162), é numa relação com o possível, diria, uma negociação entre o destino e a liberdade, que está o material da política ou a matéria da política: "não há possível em geral, mas somente a partir de um processo de desterritorialização que não deve ser confundido com uma nadificação global e indiferenciada. Existe uma espécie de matéria da desterritorialização inconsciente, uma matéria do possível, que constitui a essência do político, mas um político trans-humano, transexual, transcósmico. O processo de desterritorialização deixa sempre restos, seja sob a forma de estratificações – espaçotemporalizadas, energetizadas, substantificadas –, seja sob a forma de possibilidades residuais de linha de fuga e determinação de novas conexões."

1.7 – Otimismo inquebrável ou pragmatismo especulativo das linhas de fuga

> *Nós estamos, assim, enganchados em um processo revolucionário: o que é, profunda e radicalmente, otimista, se comparado a todos os marxismos pessimistas com os quais lidamos. Eu sou totalmente eufórico no que diz respeito ao processo revolucionário porque, no limite, se não houver revolucionários, se não houver um movimento revolucionário, de qualquer forma haverá a revolução. Uma razão a mais para fazê-la! Em relação às utopias revolucionárias, este é o otimismo mais radical que se pode imaginar.*
>
> Guattari, 1977, 80

O o que acontece quando – em vez de pensar que tudo está estruturalmente ou sistematicamente dominado, e que as resistências, para se tornarem reais, demandam missões conscientizadoras, drásticos rompimentos ou altivas desconstruções disso que supostamente nos determinaram ser – aposta-se que aquilo que escapa, que foge e faz fugir, é primeiro e tem o privilégio? Dizer que o que foge e faz fugir é primeiro, é afirmar que toda opressão e a tristeza que esse mundo produz vêm depois, o que não quer dizer – em hipótese alguma! – que venham mais atenuadas e sem a sua tão conhecida, sentida e denunciada brutalidade. O pensamento de Félix Guattari é movido por isto: pela ideia de que as linhas de fuga (um tipo de desterritorialização, ativa e criadora), que fogem e fazem fugir, são primeiras. Não são fugas de algo intacto e estável, mas sim o gesto de pensar e agir conforme a aposta que preza por uma instabilidade fundamental e produtiva. Mesmo lá onde tudo parece engessado e endurecido.

De nada servirá tomar essa ideia como um novo princípio ou um fundamento do que quer que seja. Fazer isso seria já enfraquecê-la. A atenção está em outro movimento, em outras questões: o que poderia produzir no pensamento, na teoria e na prática, a força dessa ideia? Ela nos ajudaria a especular e entrever o intenso deslocamento no modo dominante de pensar a política, e pensar politicamente, promovido pelas políticas de emancipação, insurrecionárias, revolucionárias? Seria suporte e impulso para a produção de novos modos de sentir o mundo, de inventar um mundo, de viver o cotidiano e de reconfigurar a vida social devastada pelo capitalismo? Será possível pensar, então, que a política se confundirá com a própria existência e não com a consciência? Será que as práxis emancipatórias serão processos de criação, enriquecimento e intensificação de modos de existência, de territórios existenciais?

Nesse sentido, o próprio problema da sustentação da conexão com o pensamento de Guattari, da sua necessidade para as questões desta época, se mistura ao problema da conexão com as linhas de fuga. Pois, talvez, pensar a partir de Guattari envolva a tentativa, como em um exercício, de se tornar sensível a um afeto muito especial que decorre diretamente do primado das linhas de fuga e carrega o próprio sentido delas – um ritmo que distribui os acentos mais relevantes para a invenção das noções e dos movimentos do pensamento de Guattari.

Há, no pensamento de Guattari, uma espécie de afeto muito singular que será nomeado de otimismo inquebrável. Não é uma posição moral, nem uma questão de inocência, virtude ou pureza. Muito menos de princípio ou de algo incorruptível. Guattari (1987, 118) pensava, comentando a perspectiva da linha de fuga:

[…] É esta convicção que me dá uma espécie de otimismo inquebrável. O poder é, talvez, tanto mais repressivo quanto mais sente que seus meios de controle se dissolvem, em princípio e antes de mais nada, no nível do inconsciente social[.] Hoje se pode esperar o melhor e o pior. Mutações planetárias, uma revolução inapreensível, coexistente com miasmas repressivos que encontramos em toda parte, que conduzem a coisas horríveis, piores que os campos de extermínio hitleriano (Camboja, Bangladesh, África Central, etc.). E, além destas monstruosidades espetaculares, há milhões de pessoas que ignoram totalmente o que a sociedade espera delas, que não se reconhecem de modo algum nas finalidades sociais e nos modos de vida atuais, que se perguntam para que servem estas máquinas militares gigantescas, estes modos de produção contaminantes que nos conduzem a devastações ecológicas cada dia mais catastróficas.

Ocorre que o otimismo inquebrável é hiperbólico, uma espécie de método, ou estilo, que serve para inventar uma prova, que serve como teste, para forçar os estados de coisa a, talvez, mostrarem algo que, no curso normal e normalizado, são impedidos de acenar. Por ser hiperbólico, o otimismo inquebrável não necessita corresponder a um estado de coisas apreensível imediatamente como fato. Precisa, ao contrário, colocá-lo à prova a partir de sua avaliação. Só a própria avaliação do otimismo inquebrável pode acenar algo que foge ao normal e normalizado de um estado de coisas.

O otimismo inquebrável não é uma aposta às cegas, desesperada, quando nada mais se possui – não é, sequer, propriedade de um indivíduo. Não é um "otimismo da vontade diante do pessimismo da razão", como pensava Gramsci. Não é a esperança do sujeito, teimosa, heroica, diante daquilo que a realidade não pode deixar de ser e mostrar. Não é uma tentativa de correção de uma terrível realidade. Não é o acesso a uma desprezada e incorruptível dimensão boa da realidade. Se esse otimismo é um afeto, é porque é algo aquém e além do sujeito. Está também nas "coisas", por assim dizer. Participa de um meio, deve ser ativado. Age em uma produção de subjetividade imediatamente coletiva. Elementos que normalmente enquadramos no campo exterior ao sujeito, como a realidade, a alteridade humana e não-humana, o *socius*, estão contidos nele por direito.

Didier Debaise e Isabelle Stengers (2016) articulam uma poderosa expressão, a de pragmatismo especulativo, que serve, em seu movimento, para apresentar o otimismo inquebrável como um afeto que está obstinado em afirmar que são as linhas de fuga o que importa pensar. O pragmatismo especulativo consiste em tratar os efeitos dos possíveis que se está em vias de criar, como componentes da própria criação que está em vias de ser instaurada. Especulativo, assim, porque é sensível à instância dos possíveis, e pragmático como uma arte de responder aos efeitos dos possíveis. O pragmatismo especulativo levanta e sustenta uma hipótese, um "e se…": e se as linhas de fuga, aquilo que resiste e cria, tivessem o primado? Não como uma condição de possibilidade mas, certamente, como a instauração de um campo de possíveis novos que passa a existir efetuando novas condições a ele imanentes. Nesse sentido, é experimental, pois o fato condicional não é imaginário. Não deve apelar a uma correspondência, como se soubéssemos a que realidade ela deve atender ou pressupor. O que é especulado, na sua construção mesma, na sua sustentação própria e, se for capaz disso, na composição e recomposição de sua consistência, criará um campo de experimentação onde uma nova paisagem surgirá, com outros limites e limiares, outras condições, outros personagens, outras forças e, principalmente, outras incógnitas.

Em todo caso, o que pode ser o otimismo como um afeto indispensável, que deve ser nutrido, alimentado, reforçado, exercitado? Por que não induz ou não deveria induzir a nenhum "polianismo", a nenhuma vã esperança ou utopia transcendente diante do medo, da tristeza e dos fatalismos de toda ordem? Por que não configura, enfim, em seu caráter especulativo, em sua aposta nos possíveis, um programa seguro? Nas palavras de Stengers (1997, 19-20), é preciso recusar estar

> [...] alinhada com aqueles, numerosos, que estão persuadidos que o futuro de todos deveria passar pelas condições que eles mesmos foram capazes de colocar. O diagnóstico dos devires não é o ponto de partida de uma estratégia, mas diz respeito a uma operação especulativa, de uma experiência de pensamento. Uma experiência de pensamento não pode nunca pretender ao poder de constituir um programa que bastasse ser aplicado[.] Jamais [...] poderia ter outro papel senão aquele de suscitar possíveis, isto é, também de tornar visíveis as palavras de ordem, evidências e renúncias que esses possíveis devem colocar em questão para tornarem-se, eles próprios, perceptíveis[.] Uma operação de diagnóstico dos devires não supõe a identificação dos possíveis mas, inicialmente, uma luta contra as probabilidades, e uma luta cujos atores devem, por si mesmos, se definirem contra as probabilidades. Em outros termos, não podem outra coisa senão criar palavras que só possuam o sentido de suscitar sua reinvenção. Palavras cuja mais alta ambição seria se tornarem ingredientes das histórias que, sem elas, não teriam, talvez, sido um pouco diferentes.

Neste início de século, como se não bastasse o que se aguentou para sobreviver até então, um fascismo de novo estilo se consolida generalizadamente. Alguns ainda ficam receosos de chamar de fascismo essas novas experiências secretadas pelas formas de governo do capital, pelo modo de produção de subjetividade dominante, como se banalizássemos o conceito de fascismo, como se fosse estranho ao ultraneoliberalismo de Estado, a um poder, ao mesmo tempo, cada vez menos Estatal e nacional, cada vez mais planetário e integrado, ou que se serve do Estado como agente de desregulação com vistas à integração planetária.

Parece haver aí uma imagem extremamente terrificante do fascismo de ontem e uma imagem cautelosa demais em relação aos registros de controle, exploração e opressão de hoje. Mas a intensificação da militarização dos Estados – que vai das forças armadas para supostas guerras intranacionais até, e principalmente, o poder de extermínio da polícia presente na esquina de cada rua, somada ao ganho legal e institucional para agir de forma propriamente fascista – se torna ainda mais perigosa quando está aliada e, talvez, alavancada por um desejo fascista, que arrasta diversos processos de subjetivação para modos de ser racistas e segregacionistas.

Complexidade e perversidade desse movimento no qual o desejo fascista se intensifica à medida que o poder policial cresce, sendo o contrário também verdadeiro. Guattari apontava (2012, 66) como sendo esta uma especificidade e uma força do fascismo em relação aos regimes totalitários e às ditaduras militares. O fascismo mobiliza o desejo, a participação, o apoio, a produção, com muito mais eficácia, quando faz da polícia o modelo de poder para os problemas existenciais. O fascismo é um totalitarismo automatizado.

O fascismo é policial, esteja imerso em um governo francamente fascista (o que tem ganhado força) ou em um governo que insiste em se dizer democrático. Policial em todos os níveis e escalas, o fascismo espalha focos de polícia em todo percurso da existência: consigo mesmo, com os outros, com os seus estudantes, em relações amorosas, com os imigrantes, com seus camaradas militantes, etc. Novos ingredientes, ainda por cima, são adicionados: o fascismo nunca obteve um meio tão veloz para se propagar como o que encontrou nas tecnologias de informação e comunicação de velocidades instantâneas. Elas não têm seus perigos, exclusivamente, quando manejadas para vigiar e controlar os supostos desviantes. Elas propagam ódio, coagulam medo e fazem com que doses ininterruptas de fascismos cheguem 24 horas por dia, na palma da mão, tornando as telas dos objetos indiscerníveis das retinas que as refletem. Já não são pessoas (não que a situação aqui fosse necessariamente melhor), mas perfis de redes sociais que saem às ruas para desejar, inclusive, contra si. Muito se acentuou a natureza em rede, descentralizada, da internet. Acreditou-se encontrar algo interessante, mas foi inevitável que ela tenha proporcionado o encontro de diversos tipos de fascismos que não se encontravam e que agora formam uma verdadeira rede, poderosa, capaz de não só disseminar modos de opressão, mas produzir uma grande quantidade de medo, ódio, culpa e ressentimento, tão grandes que não resistiriam, talvez, a um encontro presencial para atenuar, ao menos em parte, essa quantidade.

Como sustentar um otimismo inquebrável em um mundo dessa maneira? Por certo, parece existir dificuldade em vislumbrar uma saída, um tanto quanto satisfatória, para o atual estado de horror, que nem de longe aqui foi abordado em suas variadas e enormes dimensões. O historiador Jules Michelet, em uma frase que ficou famosa, dizia que "cada época sonha com a seguinte". Walter Benjamin (2009, 42) acrescentou, sob colorações hegelianas, que "não apenas sonha a seguinte, mas, sonhando, se encaminha para o seu despertar". O que está ocorrendo em uma época em que os sonhos, distantes até das quimeras e das utopias transcendentes, são pesadelos com o futuro? O que é despertado, que forças são acordadas com as visões catastróficas? É preciso ecoar a maldição lançada por Isabelle Stengers (2016) a todos aqueles que preferem os pesadelos e as histórias de impotência:

> [...] Situação paradoxal para nós que somos demandados a responder 'o que a questão climática muda nos nossos domínios de reflexão', pois o fato de 'ter razão' não nos ajuda, se essas razões, mesmo que tão bem fundadas, justifiquem o desespero. Maldito seja aquele que disse que era mais fácil imaginar o fim do mundo que o fim do capitalismo, e malditos sejam todos aqueles que explicam, com muita lucidez, que a impotência é muito comum. Não se trata de sonho de utopia, mas de tomar o partido do possível contra os prováveis.

Um colapso inerente ao desenvolvimento do capitalismo ou uma catástrofe ecológica futura não deveriam nos sensibilizar para resistir aqui e agora? Sendo as linhas de abolição os duplos mortíferos que abolem as linhas de fuga criadoras, poderiam esses desejos de morte, de medo dos perigos iminentes, favorecer o encontro e a potência necessária para resistir hoje e, em certa medida, ao hoje? Pode a catástrofe animar modos de pensar e agir que não são catastróficos? Pode-se resistir às catástrofes em curso – que não são erros da normalidade e sim sua continuação – multiplicando ao infinito as imagens já saturadas de catástrofes? Guattari (2013, 494), interessado nesse caráter pragmático da resistência, colocava as questões determinantes:

> [...] Por qual meio desencadear, no clima de passividade atual, um grande despertar, um novo renascimento? O medo da catástrofe será um motor suficiente neste domínio? Os acidentes ecológicos, tal como Chernobyl, certamente conduziram a uma mudança de opinião. Porém, não se trata apenas de agitar ameaças, é preciso passar às realizações práticas. Convém também lembrar que o perigo pode exercer um verdadeiro poder de fascinação. O pressentimento da catástrofe pode deslanchar um desejo inconsciente de catástrofe, uma aspiração em direção ao nada, uma pulsão de abolição. É assim que as massas alemãs, na época do nazismo, viveram sob o império de um fantasma do fim do mundo associado a uma redenção mítica da humanidade. Convém pôr o acento, antes de mais nada, na recomposição de uma combinação coletiva capaz de abrir passagem para práticas inovadoras.

Entretanto, na direção que aprofunda esse pessimismo catastrófico, certamente não se pode encontrar positividade em algo como um otimismo no progresso desse mundo, um otimismo nos remédios que o capitalismo e os poderes dominantes fornecem para curar seus supostos e autoproclamados "erros de percurso", seus "efeitos colaterais". Não será, por exemplo, com o consumo "consciente" e "correto" dos produtos ecológicos, perspectiva demasiado individualista, batizada pelo Comitê Invisível (2013) de "nova moral do Capital", que enfrentaremos os problemas ecológicos com algum nível de intensidade. Um otimismo inquebrável está distante desse otimismo que acredita nas probabilidades que este mundo oferece, isto é, aquilo que só ganha um direito à existência se passar pelo seu aval. Esse otimismo, comum a economistas e jornalistas, faz parte do problema e não da solução. Nesse sentido, resta ao otimismo ser um sentimento das forças dominantes, um remédio do capitalismo para uma existência que degenera, uma oferta de ideais, valores, práticas, que ajudam a controlar a inadequação a este mundo e a invenção de outro. O otimismo está mais próximo de existir como uma crença e não como um afeto. Infinitamente é preciso acreditar nele, convencer a si mesmo e aos outros de que a existência sob o capitalismo pode e será melhor. O constante trabalho que as redes de poder capitalista e seus colaboradores efetuam para nos convencer de que devemos crer em suas ofertas e produtos existenciais só mostra que o problema já está em outro lugar. O constante esforço de adequação precisa ser repetido e refeito, pois a todo momento falha. A existência, através de suas forças e em suas formas, dá exemplos concretos no sentido contrário a esse esforço. É aí que o alastramento do pessimismo, em formas acentuadas e epidêmicas de depressão e suicídio, pode ser visto como um sintoma da inadequação, algo que acompanha as esperanças forçadas dos valores dominantes que a agenda dos governantes ou as metas para serem batidas no trabalho impõem.

Por exemplo, a invenção e o diagnóstico aplicado generalizadamente da depressão, como nos mostra Phillippe Pignarre detalhadamente em seu extraordinário livro *Comment la dépression est devenue une épidémie*, é um ato realizado pela combinação de formas de poder extremamente devastadoras, como a indústria farmacêutica, o marketing, a psiquiatria com pretensão biológica e, é claro, o mercado (o lucro elevado com os psicotrópicos). Juntas, essas formas trabalham no fluxo da ordem dominante. Mas disso não se deve concluir, simplesmente, que o importante é denunciar a falsidade que existe em algo que foi "socialmente construído", seja pelos saberes correlacionados, seja "apenas" para vender e lucrar. Tendo sido construído, o importante é perceber como, a partir de então, a depressão constrói, isto é, fabrica, literalmente, e não apenas serve para diagnosticar pessoas deprimidas (tristes, pessimistas...). Se a depressão é um problema de fabricação de sujeitos deprimidos, ela deve ser entendida como um problema de produção de subjetividade no seio do capitalismo e não um simples efeito de "sobredeterminação" dos indivíduos causado por um complô capitalista que tudo controla e que lança mão dos fármacos para fins de domesticação. É este um dos aspectos que Pignarre chamou de "tese de esquerda" (socializante), que tenta explicar a depressão como uma resposta passiva dos indivíduos a uma sociedade "que vai mal". Essa tese faz par com outra, "de direita" (naturalizante), que se destaca e triunfa historicamente, explicando a depressão apelando para uma "verdade biológica" (pequena biologia, como chama Pignarre) que a coloca como um problema interior ao indivíduo, localizado em seu cérebro: disfunção química, predisposição genética, etc. Sociedade e indivíduo funcionam aí como grandes causas, recortes molares, e em nada ou muito pouco contribuem para a compreensão de um problema como a depressão (e o pessimismo) que está relacionado, penso, com as linhas de fuga, na sua força de resistência e/ou de morte.

Talvez seja possível considerar que as diversas e complexas experiências que hoje são amalgamadas e uniformizadas pelo diagnóstico da depressão, e por isso constroem um território e uma maneira de codificar essas experiências (subjetivamente), não são simples efeitos de causas onipotentes, ou de causas ligadas apenas ao indivíduo ou à sociedade. Essas experiências são posturas ativas que se chocam em alguma medida com os endurecimentos e modelos dos processos de individualização e socialização dos mais diferentes. Talvez fosse interessante fabular, como escrevia o Comitê Invisível (2013, 25), que não se está pessimista ou deprimido, se está de greve. Uma greve com o mundo tal qual é. Pessimista, assim, porque não se vê como este mundo pode passar, como que as forças dominantes desse mundo podem fazer outra coisa senão atuar em um empobrecimento doentio e radical da existência. O pessimismo é, nessa direção, o indício de algo não conhecido, por mais que permaneça reativo e impotente. Mas esse desconhecido precisa sumir.

E é aí que intervêm, mais uma vez, os valores dominantes: o pessimismo se torna outro sentimento funcional das nossas sociedades capitalistas, que deve rapidamente ser aprendido: não há existência possível fora da subjetividade capitalista, do curso normal dos valores dominantes, de suas coordenadas perceptivas e de seus valores. Triste situação que carrega uma importante lição teórica: o pessimismo está sempre em uma bifurcação. Eis por que toda atenção é pouca para essa ambiguidade do pessimismo. Rondam os maiores perigos aí. Se, em uma de suas potências, o pessimismo indica sintomas de inadequações, sintomas que afirmam as resistências aos modos de sentir, pensar e agir da ordem dominante, podendo fazer dele uma passagem para um otimismo inquebrável; sob outra faceta, demasiadamente misturada com essa primeira, o pessimismo se transforma em um sintoma de um desejo de abolição, não consegue ver nada além da morte. O pior de todos os riscos é: um agenciamento que vê apenas

nas forças da morte uma maneira de se livrar de uma existência tão dilacerada pela normalidade capitalista.

Se o pessimismo não servir de passagem para um otimismo inquebrável, ele age no fechamento de toda e qualquer passagem. Se o pessimismo não estiver engajado em uma transmutação que o coloca junto aos possíveis a serem criados, as saídas a serem traçadas e as linhas de fuga que não param de se esboçar, ele se torna o nome do próprio carrasco de todo e qualquer possível, de toda e qualquer linha de fuga criadora. Politicamente, de um ponto de vista macro e micropolítico, talvez se possa dizer que essa experiência de extermínio de possíveis é justamente aquela do fascismo. O fascismo é o pessimismo na sua radical petrificação fatalista. Deleuze e Guattari (1980c, 113) disseram tudo a este respeito:

> [...] Existe, no fascismo, um niilismo realizado. É que, diferentemente do Estado totalitário, que se esforça por colmatar todas as linhas de fuga possíveis, o fascismo se constrói sobre todas as linhas de fuga possíveis, o fascismo se constrói sobre uma linha de fuga intensa, que transforma em linha de destruição e abolição puras.

A linha de fuga atravessa uma depressão, uma greve com as probabilidades de vida oferecidas, e se torna um suicídio, uma morte, a princípio, apenas individual. Mas o tipo suicida se distingue do fascista em seu essencial, já que vê apenas na sua própria morte a saída. Por mais que haja esse paradoxo paralisador, que encara um desejo de abolição como saída, não é preciso passar pela morte do outro para justificar a sua. A própria morte não será, como para o fascista, uma coroação da morte dos outros. Um suicida pode inclusive chegar a pensar que é a sua morte a oportunidade de salvar os outros, como nas experiências de martírio. A extrema impotência, o suicídio, não é fascista. Mas o fascismo é sempre – com uma inflexão nova – suicidário. Não deixa de ser a própria morte e, no entanto é, antes e necessariamente, a morte do outro.

Dado esse caráter, o fascismo é uma tecnologia de morte da qual o racismo europeu é constitutivo. Pois, como observaram Deleuze e Guattari (1980c, 45), o fascismo passa pela morte "das pessoas que deveriam ser como nós, e cujo crime é não o serem". Nesse ponto, "nem mesmo existem os outros". Com isso, talvez, se possa compreender melhor o motivo do fascismo ter como modelo de funcionamento a polícia. Mais que uma grande máquina de repressão, a polícia é, especificamente, uma máquina da morte, um amálgama das linhas de abolição que correm em um corpo social e escorrem sobre aquilo que foge e desvia de seu modelo. O fascismo de novo tipo, por essa condução pela máquina policial (institucional ou não), é sempre acompanhado por um tipo de racismo, cujo poder de matar é feito em nome da economia da vida, da gestão da paz, alimentando um estado de pura demência. O aparato fascista executa o que uma máquina policial interior a toda experiência fascista concentra e desdobra: as linhas de morte de todo um corpo social. Diante de tal estado de coisas, fazemos, novamente, a questão: como se pode engajar em um otimismo inquebrável? Como se chega a esse otimismo se o pessimismo, que podia lhe servir de passagem, frequentemente carrega essa linha de abolição e de morte? De fato, não existe razão, a não ser aquela oferecida pela percepção dominante, que nos faça confundir o pessimismo em relação ao atual estado de coisas deste mundo com o que há neste mundo e o que ele pode já carregar de tantos outros mundos possíveis. É, no mínimo, significativo que uma das revoltas relativamente recentes – já sob o espectro do neoliberalismo e de sua anestesia social –, que abre um ciclo de movimentações internacionais, tenha tido como grito principal: "um outro mundo é possível".[15] O otimismo não pode ser de modo algum definido como a crença neste mundo. É já, em gérmen, o nascimento de um outro, a partir do que há neste mundo dominante e que dele não faz parte, que existe nele e, ainda assim, apesar dele. O que não deve ser confundido com a crença em outro mundo. É um modo de agir e de pensar que se elabora em relação àquilo que, neste mundo, por definição, carrega o próprio "em vias de..." do mundo e, concomitantemente, o mundo em "vias de...". Conspirar quer dizer respirar junto. O otimismo é a busca por esse ar, no meio do sufocamento. É precisamente nesse sentido que o otimismo é o afeto e o ritmo – até um mesmo partido – do pensamento de Guattari.

Se há um otimismo inquebrável no pensamento de Guattari, que se apresenta incessantemente, ele passa pela experiência da bifurcação com o pessimismo, na qual é inevitável e até necessário tocá-lo. E, repetida e rapidamente, forjar as ferramentas necessárias para saltar para outra via não fatalista. Essa experiência parece coincidir com aquilo pertencente a toda potência revolucionária. Ernst Bloch (2005, 197-198) se dedica, em páginas radiantes, a este assunto:

> [...] [p]ensar *ad pessimum* é, para toda análise que não o absolutiza, um companheiro de viagem melhor que a ingenuidade barata[.] Para toda decisão revolucionária, o otimismo automático não é menos venenoso do que o pessimismo

---

[15] Aqui, as referências são as revoltas altermundialistas que ocorreram em Seattle, EUA, no ano de 1999. Cf. a bela análise sobre como herdar esse grito de Pignarre e Stengers (2005).

absolutizado, visto que, enquanto o último está abertamente a serviço da despudorada posição reacionária digna do nome, tendo como propósito o desestímulo, a primeira presta auxílio à posição reacionária envergonhada, tendo como propósito a condescendência do malicioso piscar de olhos e a passividade[.] A postura diante desse cenário de indecisão, contudo passível de ser decidido por meio de trabalho e ação concretamente mediada, chama-se otimismo militante[, e] não há outro lugar senão aquele que lhe é franqueado pela categoria *front*[.] A filosofia da esperança compreendida se situa, por isso, *per definitionem* no front do processo do mundo, isto é, no trecho mais avançado, muito pouco refletido do ser, da matéria movida, utopicamente aberta.

O otimismo inquebrável é, sendo assim, algo que deve ser continuamente conquistado, e não um dado ou, pior, um princípio.

Sobre o pessimismo, cabe lembrar que, nos anos 1980, Guattari publica um livro, com essa temática como motor, cujo título é *Os anos de inverno*. E é nesse contexto que torna quase palpável, de maneira radical, esse afeto do otimismo generalizado:

> [s]im, eu acredito que exista um povo múltiplo, um povo de mutantes, um povo de potencialidades que aparece, desaparece, encarna-se em fatos sociais, em fatos literários, em fatos musicais. É comum me acusarem de ser exageradamente, bestamente, estupidamente otimista, de não ver a miséria dos povos. Posso vê-la, mas... não sei, talvez eu seja delirante, mas penso que estamos num período de produtividade, de proliferação, de criação, de revoluções absolutamente fabulosas do ponto de vista dessa emergência de um povo (Guattari e Rolnik, 2005, 376).

Cada texto, cada obra é um exercício de conquista do otimismo inquebrável, uma maneira de relançá-lo, de alimentar esse afeto – ainda que se esteja emprenhado de pessimismo.

Em uma de suas últimas entrevistas, Guattari (1992) afirma ter escrito seu último livro, *Caosmose*, como um modo de sair de uma depressão. Em um trecho que vale a pena transcrever, afirma:

> Eu passei por uma depressão muito intensa, aguda, que durou mais de dois anos, há alguns anos, e agora eu saí... E isso foi uma experiência muito importante, muito rica... A experiência da depressão... O esvanecimento do sentido de projetos, do sentido do mundo, etc. Uma aterrissagem sobre a existência nisso que ela tem de mais próprio. Foi por isso que eu escrevi este pequeno livro, *Caosmose*. É um pouco uma reflexão sobre esse mergulho na depressão... Estamos cercados por muros... muros de significação, pelo sentimento de impotência, pelo sentimento de que tudo é a mesma coisa, que nada pode mudar. E depois, basta uma rachadura no muro, basta qualquer coisa assim para que se perceba que o muro era permeável... Existe um modo de tomar a si mesmo em um paroxismo... E sempre a vertigem de uma autodestruição. Como se a autodestruição, no fim, virasse um objeto erótico. Como se tomasse o poder... É isso a gestão da depressão... Ao mesmo tempo aceitar a vertigem de abolição, mas, através disso, talvez, reconstruir uma visão de mundo... Uma iluminação... Não diria uma sabedoria, mas, enfim...

Caosmose, na forma da escrita e como um exercício de pensamento, é um caso exemplar dessa recusa de embarcar no fatalismo que há no pessimismo – passando por este, reafirma, através de uma obra, um otimismo inquebrável: "eu estendo a mão para o futuro", escreve Guattari nas últimas páginas de *Caosmose* (1992, 185), apelando para uma generalização da resistência através dos atos de criação.

Ainda sobre esse afeto, vale lembrar da cena que Ítalo Calvino montou em seu belo livro *As cidades invisíveis*. O viajante Marco Polo contava ao imperador Kublai Khan sobre as cidades que havia visitado. O imperador, em certo momento, afirma ao viajante que suas cidades só poderiam ser irreais, nunca existiram e nunca existirão, que são fábulas consolatórias, pois tem plena consciência que o seu próprio império, que tudo, logo, apodrece, é sujo, está doente e contagia a todos com o sabor da sua morte. Por que então, indaga enfim o imperador, o viajante não fala, não insiste, não acentua, sobre todos esses aspectos que, para o imperador, são justamente o que determina toda e qualquer cidade? Eis o que o viajante responde: "Sim, o império está doente e, o que é pior, procura acomodar-se às suas doenças. A finalidade das minhas explorações é a seguinte: perscrutando os vestígios de felicidade que ainda se entreveem, pode-se medir o grau de penúria" (Calvino, 1972, 27).

No último dos diálogos de *As cidades invisíveis*, com seu pessimismo ultrajante, o imperador pergunta ao viajante: como resistir a essa penúria, ao inferno dominante, presente, inevitável? O viajante responde situando-se numa bifurcação. Fala, primeiramente, de uma direção que parece ser mais fácil, que consiste em tentar "aceitar o inferno e se confundir com ele, até o ponto de deixar de percebê-lo". Quantas vezes não tomamos ou somos levados nessa direção? Depois, fala de outro caminho, que não descarta o inferno diagnosticado, não faz de conta que ele está ausente. Diz que essa direção "exige atenção e aprendizagens contínuas" e, diferente por natureza da outra, consiste em "pesquisar e saber reconhecer quem e o que, no meio do inferno, não é inferno, e fazer durar, e dar-lhe espaço" (1972, 82).

Escrever e pensar não seriam modos de pesquisar e saber encontrar o que não é inferno no meio do inferno? Segundo a máxima de Artaud (2004, 145), "ninguém jamais escreveu ou pintou, esculpiu, modelou, construiu, inventou, senão para sair, de fato, do inferno". Ora, não é um pouco isso que faz Guattari com esse otimismo inquebrável, que não fornece aos poderes dominantes nem – e, talvez, principalmente! – o ponto de partida? Não está aí o coração desse tipo muito especial de otimismo, que consiste em pôr os valores dominantes à prova das resistências? O sufocamento das condições prováveis à prova dos possíveis? Os processos de captura e as linhas de abolição à prova das linhas de fuga criadoras?

Pensar com o pensamento de Guattari é se envolver em uma longa meditação sobre as complexidades das linhas de fuga, pois elas, em hipótese alguma, são "boas" e representam a "salvação". Fornecem um agenciamento com o possível. E a concepção de linhas de fuga está assentada sobre um triplo paradoxo. Primeiro: a linha de fuga é primeira. É uma fuga e, no entanto, não vem depois de um agenciamento dado, do qual se foge. As linhas de fuga têm a primazia em um agenciamento, isto é, todo ele se organiza através de respostas que dá a essa linha. Segundo: as linhas de fuga são primeiras e ainda assim precisam ser criadas. Estão de algum modo presentes e mesmo assim precisam ser inventadas. Se traçadas, sempre estiveram lá. Mas para encontrá-las, é preciso já especular sobre seu primado, isto é, apostar na experiência de pensamento que decorre da afirmação de sua importância e primazia. Terceiro: criar uma linha de fuga não consiste em fugir de um agenciamento, mas fazer fugir um agenciamento, uma situação dada. A recriação já está presente na sua criação, na sua descoberta, na sua especulação: pensar, perceber e sentir que as linhas de fuga são primeiras e se insinuam nas mais diversas práxis, nos mais variados agenciamentos, seres e forças, é a função que carrega o otimismo inquebrável.

Falou-se em afeto do otimismo inquebrável. Mas, afinal, o que é um afeto? É uma disposição, por definição pré-pessoal, que age como um componente modulador da potência da subjetividade, efetuando, como determina Guattari (1989a, 252), um "autoposicionamento existencial", isto é, canalizando um conjunto heterogêneo de componentes que trabalham um determinado processo de subjetivação, selecionando-o para certas realidades, tornando-o sensível para determinadas coisas e indiferente a outras. Cada afeto, tendo, assim, um modo de ser específico, organiza a direção dos modos de sentir, de pensar e existir para certos objetos, para certas relações, configurando e também pressupondo específicos efeitos pragmáticos. Que força surge em um fazer, em um ato, em uma atividade quando ela é motivada pelo primado das linhas de fuga? Em outras palavras, o que é micropolítica?

1.8 – Micropolítica como improvisação existencial da política

A micropolítica não é uma política do molecular em oposição à macropolítica, política do molar. A micropolítica é a política que emerge a partir das linhas de fuga – onde, certamente, estão implicadas a molaridade e a molecularidade da existência, relacionadas entre si em inúmeras direções e sentidos.

O que, então, concretamente escapa à política, nela mesma? Política é o nome de um problema, que, no momento em que é posto, inventado, configurado, recebe uma resposta que pretende preenchê-lo e que, assim, vai determinar a confusão entre o problema e a resposta. A resposta destrói o problema. A resposta toma conta dos sentidos possíveis da política. Essa confusão vai ser a marca de uma tradição. Por isso dizer que somos, inevitavelmente, herdeiros de certa confusão. Nós que por inúmeras razões nos agitamos com este nome: política.

Temos aí o problema do valor da conexão entre heterogêneos e da imediata resposta – que tende a emaranhar-se com o problema, resultando na confusão da qual somos herdeiros – em favor da unificação, do solo comum, da lei e, principalmente, da determinação de quais heterogêneos podem ser agrupados como iguais, como passíveis de fusão, de unidade e de comunidade. O que pensamos como tradição ocidental, com suas matrizes gregas, judaico-cristãs, europeias, poderia ser pensada, não tanto pela invenção e expressão dramática de um problema que seria universal ou pela resposta que imediatamente confere – seja ela positivamente encarada como correta (universal e universalizável) ou incorreta (particular e restrita) –, mas pela impossibilidade do problema ser colocado sem receber a resposta que, em graus diferentes, remete ao princípio unificador e ao solo comum.

Inevitavelmente, herdar a política como atividade é herdar não só o problema, mas também toda a história que, sob variadas formas, fincou seus frutos no solo da democracia grega, valorizando – direta ou indiretamente – o além e o aquém das heterogeneidades. Em suma, o Estado e a unidade. A própria política, em seu sentido etimológico, que pretende definir a atividade daquele que é, agora, vinculado apenas à pólis – e não mais aos deuses, às famílias, às regiões, às formações e profissões, etc. – é o signo que carrega uma intensa ambiguidade.

De um lado, surge um vínculo estranho, um vínculo com a própria desterritorialização como abstração de todo vínculo. Seríamos humanos isolados, como se não pertencêssemos a nenhum meio, exercendo a política apenas com aquilo que supostamente nos faz humanos: a razão e sua linguagem. Eis por que essa desterritorialização nunca existiu como tal, mas como pretensão e poder, sempre precisando se reterritorializar na lei, na unidade e no universal, no imperialismo, na escravidão, no colonialismo, na tirania... Para ter uma vida concreta. "Capitalismo europeu, mas já também cidade grega", como escreveram Deleuze e Guattari (1991, 120). Porém, de outro lado, o vínculo com a cidade pode ser visto como o vínculo com um problema que não admite um critério unívoco, vindo das linhagens, dos deuses, da lei, da unificação ou da verdade e dos universais dos filósofos.

Não é necessário apelar a uma boa vontade, uma astúcia genial de Péricles, um fundo de justiça ou evolucionismo histórico para fabular que a enrijecida e consubstancial reterritorialização, nos inúmeros princípios de unidade e unificação, não condena a novidade da persistência, através de instituições, práticas e discursos, da tentativa de elaborar um destino que está referenciado no uso da liberdade. A novidade não é o selo de algo melhor, do ponto de vista de uma evolução necessária do gênero humano. A novidade é um disparador de efeitos. Efeitos que fazem algo em nós. Resta experimentar, a partir dessa herança, o que é possível fazer com isso que, inevitavelmente, faz algo, provoca efeitos. E, o mais importante, como diz Stengers (2016, 180), é que "o que existe nesse 'herdar' não é uma linha de herança.

O que existe é recriação. E de que tipo de recriação eu sou capaz?" Uma vez que "cabe a quem se situa como herdeiro" de um acontecimento – diz Stengers em outro lugar (2015, 102) – "colocar a questão de como ser seu herdeiro, ou seja, de como evitar viver de seu patrimônio".

Por que insistir no problema político da conexão entre heterogêneos enquanto tais? É possível outra resposta? Quais modificações, quais inflexões sofrerá o problema à medida que recebe outra resposta? Todo o pensamento de Guattari é uma prova a esse respeito. E uma aposta que o contínuo revigoramento da resposta pela unificação e homogeneidade associada a uma supressão do problema, em graus, escalas e intensidades diversas, constitui o cerne de nossa atualidade capitalista. É aí que a negação da política apresenta sua dimensão não só colonial e tirânica – com a impossibilidade da questão política se exercer em sua dimensão problematizante – mas, também, próxima daquilo que Deleuze e Guattari (1980c, 45) chamaram de racismo europeu:

> [...] como pretensão do homem branco nunca procedeu por exclusão nem atribuição de alguém designado como Outro: seria antes, nas sociedades primitivas, que se apreenderia o estrangeiro como um "outro". O racismo procede por determinação das variações de desvianças, em função do rosto Homem branco que pretende integrar, em ondas cada vez mais excêntricas e retardadas, os traços que não são conformes. Ora para tolerá-los em determinado lugar e em determinadas condições, em certo gueto, ora para apagá-los no muro que jamais suporta a alteridade (é um judeu, é um árabe, é um negro, é um louco, etc.). Do ponto de vista do racismo, não existe exterior, não existem as pessoas de fora. Só existem pessoas que deveriam ser como nós, e cujo crime

é não o serem. A cisão não passa mais entre um dentro e um fora, mas no interior das cadeias significantes simultâneas e das escolhas subjetivas sucessivas. O racismo jamais detecta as partículas do outro, ele propaga as ondas do mesmo até a extinção daquilo que não se deixa identificar (ou que só se deixa identificar a partir de tal ou qual desvio).

É por isso que colocar o problema das linhas de fuga da política, inseparável da criação de um pensamento político a partir das linhas de fuga, implica, necessariamente, pensar o que exatamente o ato de politizar pode tornar possível experimentar, pode captar daquilo que escapa em algo que não é, não quer ou diz não ser político. Isso com a condição – para que o problema político guarde toda sua vitalidade – de manter essa heterogeneidade não-política no encontro mesmo com a política.

A micropolítica funciona no pensamento de Guattari como uma noção existencial da política, que não é apenas um componente de passagem – a-significante – entre outros, mas especialmente um componente que abre passagem para as outras improvisações. Toma, em primeiro plano, todas as imperceptíveis e decisivas heterogeneidades, singularidades, como potências que compõem a existência e que não estão submetidas *a priori* a um recorte, a uma formalização ou a um conjunto qualquer, seja aquele do Público, do Histórico, do Social, seja, em outra ordem, aquele do privado, do cotidiano, do individual. Daí a principal razão do uso do termo micro em micropolítica, e por que ele não designa nenhum espaço delimitado particular em oposição a contextos gerais, enquadrados através da rubrica "macro". Sua função é fazer o convite para acompanhar a atividade dessas imperceptíveis e decisivas heterogeneidades que estão além e aquém de qualquer apreensão e redução por uma lógica dos conjuntos. Eis o motivo, certamente, do micro de micropolítica poder invocar o mundo microfísico ou molecular, à medida que, como escrevia Guattari (2012, 116), "o que aqui caracteriza o 'molecular' é o fato de que as linhas de fuga esposam as linhas objetivas de desterritorialização do sistema e criam uma aspiração irreversível a novos espaços de liberdade". Mas a irrupção de uma linha de fuga é um acontecimento que detém sua consistência própria, nem molar ou molecular exclusivamente.

Por isso, de modo algum a micropolítica significa uma política aplicada a objetos considerados como pequenos que, durante certo tempo, foram tidos como fora da Política. Tal como consideramos o que está no "cotidiano", no "privado", como as lutas "secundárias" em oposição ao tempo social, à dimensão pública e à grande luta de classes geral e universal. Micro diz respeito aos elementos ora imperceptíveis, sobretudo abstratos, e não necessariamente pequenos. Em conexão com a macropolítica, que manejaria formas, identidades, entidades relativamente estabilizadas, a micropolítica trabalha com todo um sistema de intensidades, de conexão com uma velocidade infinita. Sistema que, em Guattari, é pensado como o próprio movimento recriador da existência, igualmente abstrato. Daí a razão da micropolítica poder e dever dizer respeito a conjuntos muito vastos – coletividades, povos – considerados qualitativa ou quantitativamente, mas ao fazê-lo não os tomará sob os mesmos ângulos que a macropolítica. Talvez, por isso, se possa pensar que a micropolítica também incentiva uma política da existência. No sentido em que a política não pertence mais ao domínio exclusivamente humano, à cidade ou a qualquer outra entidade (velha ou nova) considerada sob o único e exclusivo ponto de vista formal. Ela pertence à – é da – existência, considerada na sua intensidade, na velocidade de recomposição de consistências de entidades no seio de um agenciamento, cujos recortes e tantas outras sedimentações, organizações, estados de coisa, não estão excluídos.

Assim, com a micropolítica, Guattari não tem a pretensão de dizer quais são os novos e verdadeiros objetos da política, ainda que faça nascer novos objetos e dimensões comumente vistas como não sendo da ordem da política. Sua aposta é considerar uma espécie de transversalidade à política cuja função principal é percorrer de outro modo objetos tradicionalmente tomados como políticos, e pensar, sob outra via, objetos e dimensões que, de fato ou de direito, não são políticas. Para isso, a política deve pertencer a essa dimensão – que é muito mais um movimento do que uma ou outra entidade ou objeto – existencial. Como dizia Guattari (2012, 511): "existem tantos modos de existência quanto modos de agenciamento".

A macropolítica será, nesse sentido, desconsiderada? Ou haverá um modo segundo o qual pode funcionar como uma práxis de criação existencial? Creio que sim, na medida que seja pensada como uma improvisação formal da política. Tendo em vista a relação entre política e existência na noção de micropolítica, é possível recolocar o problema da relação entre micropolítica e macropolítica. É como se houvesse um ciclo em que não fosse possível determinar um ponto de origem, uma direção inicial. Portanto, abstratamente (no sentido pejorativo do termo), isto é, forjando uma dimensão inicial, esse procedimento poderia ser formulado da seguinte maneira: a política é posta à prova pela existência. Nessa passagem, surge a micropolítica que, por sua vez, retorna e incide sobre a política, fazendo nascer a macropolítica. É por isso que, recorrentemente, ainda que não sempre, Guattari toma a palavra política como sinônimo daquilo que pensa como macropolítica. Outras vezes, igualmente numerosas, a política designa ao mesmo tempo a reunião entre macro e micropolítica. Jamais, em todo caso, como escreveu o próprio Guattari (1973, 1-2):

> [...] quando eu emprego o termo 'política', não é no sentido das eleições presidenciais. A política, uma política revolucionária em atrito com as políticas ideológicas, implica a passagem para outros objetos[.] Dito de outra forma, uma política que deveria ser levada paralelamente, ou em prioridade – eu não sei – em relação aos outros tipos de política.

Essas duas noções, micropolítica e macropolítica, hegemonicamente, foram alvos de muitos dualismos, maniqueístas ou não. Era preciso escolher quem desempenharia a função de nova infraestrutura e, para isso, era preciso considerar que existiam problemas e campos, realidades e objetos, essencialmente micropolíticos ou então macropolíticos, como dois conjuntos com poucas ou nenhuma intersecção. Em todo caso, sendo sempre muito difícil de analisar, uma vez que se admitiu a separação ontológica da micropolítica e da macropolítica, a passagem de um campo para o outro. Equívoco de uma interpretação platônica de Guattari (e Deleuze) muito habitual. Uma realidade verdadeira (micropolítica) encobertas pelas aparências (macropolíticas). As questões relativas à sexualidade, ao corpo, à mentalidade e à consciência individual seriam micropolíticas. As questões relativas ao capitalismo, ao Estado, à economia e à sociedade seriam macropolíticas. O que é determinante? Eis um falso problema do ponto de vista da análise e, principalmente, um contraproducente ponto de partida para a animação de uma luta revolucionária.

Por outro lado, não se ganha muita coisa tomando-se o partido da tendência oposta: ao se homogeneizar a micropolítica e a macropolítica, nivelando-as sob a ideia de que "ambas são importantes" e só difeririam em escala, em tamanho, em proporção, continua-se a atrelar a micropolítica aos "pequenos" objetos e a macropolítica aos "grandes". Essas noções, segundo Stengers (2008), certamente estão, em certa medida, fadadas a produzir essas oposições e associações. Não que pertençam essencialmente a elas. Mas são, pragmaticamente, riscos que delas decorrem. É o que a própria Stengers chama de "coeficiente de 'verdade polêmica'", em que o micro estaria associado à realidade que ninguém pode ver (fundamentos microfísicos do real), enquanto a macropolítica estaria relacionada ao que é facilmente medido, calculado (a aparência da realidade). Haveria um dualismo, intransponível, que remeteria às armadilhas da oposição falsidade-verdade e que estaria na origem da "nova moral antimolar", amplamente já combatida por Deleuze e Guattari de forma enfática em *Mil platôs*.

A micropolítica, em todo caso, diria respeito, aí, à matéria. E é desse risco que Stengers quer se distanciar, formulando a noção de uma mesopolítica que estaria mais interessada no material, isto é, de uma matéria (*ethos*) impensável fora de seu meio (*oikos*). Estaria a micropolítica condenada por esses jogos morais que a cercam? O micro, imperceptível e abstrato, está fadado a se equivaler ao molecular, às partículas infinitesimais da física? Enquanto o macro designa as estruturas molares, o micro revelaria apenas o campo dos processos moleculares? A outra linha ou dimensão, que torna impensáveis essas duas, a linha de fuga, cujo nome, inclusive, nem invoca semelhanças com noções físicas ou químicas, não seria a dimensão à que a noção de micropolítica estaria prioritariamente conectada? É uma questão em aberto.

De todo modo, vale ressaltar também que a associação da micropolítica com os assim chamados objetos pequenos não é à toa. Estes, tradicionalmente negados na sua dimensão política e, em todo caso, na sua função existencial determinante pela Política, são revalorizados pela micropolítica. Por outro lado, essa revalorização, de modo algum, permite uma desconsideração daquilo que, por sua vez, é atrelado à macropolítica, às eleições, à economia global, ao Estado, etc.

Se pensarmos os termos micropolítica e macropolítica para além desses constrangimentos, creio que seja possível afirmar que há um primado, um privilégio da micropolítica na relação com a macropolítica, isto é, aquilo que tem mais valor, que deve ser afirmado. Ser primeiro não tem a pretensão de constituir uma ontologia fundamental, nem de identificar um fenômeno da realidade, mas a tentativa de afirmar aquilo que importa, que é relevante para o pensamento e de ser pensado. Para isso, é preciso entender que a micropolítica não é o microcosmo, o local, o corpo, o cotidiano. É, justamente, o existencial. E, sendo o existencial, é, em decorrência, o micro, o "local", o "corpo", o "cotidiano", que ganham aí todo seu valor.

A micropolítica tem o privilégio também por uma outra razão: se interessa pela linha molecular e, principalmente, por uma deriva possível dessa linha: a linha de fuga. A linha de fuga é primeira em um agenciamento (tenha que proporções tiver), é o que dele escapa, é sua força criadora, seu campo de possível. A micropolítica, então, não só designa o espaço entre política e existência, mas entre política, existência e criação. E é a partir dessas perspectivas que se pode entender a macropolítica. Por isso, afirma-se o primado da micropolítica.

A macropolítica, por sua vez, diz respeito aos processos de molarização, estratificação e formalização da existência. Assim, a noção de individualidade, por exemplo, é extremamente macropolítica, ainda que seja enquadrada no conjunto dos pequenos objetos, na clássica oposição à sociedade que estaria no conjunto dos grandes objetos da macropolítica. Do ponto de vista da micropolítica, essas distinções não fazem sentido. Existem grandes e pequenas estratificações, grandes e pequenos fenômenos de identidade, grandes e pequenas formalizações. Seja lá para o que for, diz respeito a pensar o problema do teor da existência ali inventada e, sobretudo, através da avaliação da capacidade que um modo de existência (que não se confunde com seus estratos, suas formas) tem para recriar a existência.

1.9 – Macropolítica como improvisação formal da política

Se considero a macropolítica como uma improvisação da política, é por que ela também pode ter uma função criadora. Não se trata de desenvolver uma política que toma as suas formas como fundamentais: uma política do indivíduo ou do Estado. Jamais, por definição, essas dimensões podem ser criadoras. Mas se há uma função criadora, que pode vir a intensificar uma micropolítica existencial, isso se deve a uma certa passividade da macropolítica. Em outras palavras, um modo, através de um meio concreto, operado por aqueles e aquelas que aí estão, que erigem essas formas e promovem certos estratos, por meio de uma práxis na qual essas formas e esses estratos não são a dimensão mais importante de um processo e, ainda, devem, o tempo inteiro, carregar o princípio de sua própria dissolução. Se há uma razão para ainda assim criá-los, é por que podem ser um componente de conservação de certa potência que permitirá que haja alguma – e não nenhuma – criação existencial. Eis por que essas formas não são ilusões desmascaradas pela micropolítica. Ao contrário, creio que para Guattari é inevitável e até mesmo necessário que esses fenômenos ocorram na existência. Também pertencem a ela, ao seu problema. Nesse sentido, a micropolítica se interessa, e muito, pelas formas que se desenvolvem. Do ponto de vista da micropolítica, elas jamais devem se equivaler. Nem todo governo se equivale e nem toda identidade carrega em si os mesmos valores. É imprescindível que apareçam estratos e formas. E até nelas deve-se combater a equivalência e fazer valer uma avaliação micropolítica: o que se faz com essas formas? Que tipo de existência passa através e por conta delas? No que elas permitem a recriação da existência? Por que certas formas e não outras?

A função dessas formas é uma função terminal. Quando pensava uma forma específica (mas creio que cabe a todas), a forma indivíduo, Guattari (1989b, 17–18) escrevia que ela

> […] se encontra em posição de "terminal" com respeito aos processos que implicam grupos humanos, conjuntos socioeconômicos, máquinas informacionais, etc. Assim, a interioridade se instaura no cruzamento de múltiplos componentes relativamente autônomos uns em relação aos outros e, se for o caso, francamente discordantes.

Terminal no sentido de terminal informático, algo que serve de ponto (ou não, podendo terminar e finalizar um processo) para um universo muito maior do qual, inclusive, depende.

> [...] O que se poderia dizer, usando a linguagem informática é que, evidentemente, um indivíduo sempre existe, mas apenas enquanto terminal; esse terminal individual se encontra na posição de consumidor de subjetividade. Ele consome sistemas de representação, de sensibilidade, etc. Sistemas que nada têm a ver com categorias naturais universais (Guattari e Rolnik, 2005, 41).

A micropolítica é uma resposta, uma improvisação, aos problemas da existência, aos apelos e chamados da existência. Mas é ela que permitirá levar esse chamado, recompô-lo e retomá-lo, para todas as práxis. Nesse sentido, e apenas nesse, que ela assume a função de tomar, simultaneamente, tais problemas da existência como políticos (a política como tema da existência), encontrá-los e fazer com que nasçam nas mais variadas práxis, ao concebê-las como respostas a esse tema (improvisações) e, portanto, como movimentos não políticos que estão no coração da política, que constituem, em ato, a micropolítica.

Qual é a técnica desse movimento? É o que acredito encontrar no modo com que Thelonious Monk concebe a relação tema e improvisação. Não é uma síntese, muito menos algo "superior", evoluído e mais bem "acabado" do que em Duke Ellington e Cecil Taylor. O que seria outro absurdo supor! No entanto, é curioso o fato de Monk rejeitar, por um lado, a herança de Ellington e, por outro, o estatuto de precursor do *free jazz*. Pois este, para Monk (1982, 11), é uma aventura em que um dos riscos era a implosão do essencial aspecto melódico, narrativo e rítmico do tema e, com isso, a impossibilidade do jazz de se recompor. Essa sua dupla recusa é apenas um indício de que é uma outra técnica e não a junção de dois procedimentos. A busca pela liberdade, para Monk, não pode ser um pretexto para a destruição de uma narrativa perceptível, organizada e reconhecível.

A técnica está a serviço de um problema, costurado e sustentado entre seus procedimentos. O problema de Monk consiste, antes de mais nada, em liberar o som das notas e dos acordes, dos intervalos da escala e toda distância aceitável que há nas escalas, em qualquer uma delas. Com a única condição de que isso seja feito através das notas, das escalas e de melodias bem delimitadas. É isso o que o atrai. Assim, ele inventou um estilo radicalmente singular, em que o mergulho na experimentação harmônica e o desenvolvimento de belas melodias não prendiam e não restringiam de antemão as potências desconhecidas do som.

Eis por que uma tarefa tão difícil possa ser, curiosamente, feita em qualquer momento. Uma vez que, a partir de qualquer harmonia e melodia, pode-se tentar encontrar e aprofundar um elemento a-significante do som. O tema e a improvisação, em Monk, não formam o par "base de acordes-exploração harmônica". Para tocá-los, ele seleciona pedaços que são reduzidos a dois materiais essenciais: o ritmo (tempo) e o som. Materiais que são o coração da melodia e da harmonia. Sempre há uma melodia e uma harmonia muito bem definidas, e escolhidas pela sua capacidade de permitir a seleção desses pedaços, desses fragmentos.

Mas Monk utiliza o primeiro material, o ritmo, como ferramenta para trabalhar o segundo, o som. O ritmo tem por função movimentar um tipo de percepto sonoro, antes que o material audível se refira à nota e ao som, e depois dele sair do silêncio. Muito se fala do silêncio em Monk, mas é porque ele pensa que esses pedaços só são encontrados em um meio, em um lugar, limítrofe: no primeiro instante em que o silêncio acabou e antes do primeiro instante audível do som. Por isso, Monk consegue conciliar o som e o silêncio. Demasiado próximos dessas duas dimensões, aparecem inteiros em sua música. Entre os dois, no entanto, que realiza a música. Isto é, sua música é esse estado de suspensão de toda forma, de todo fim, entre uma parte e outra. Aí está o que Monk procura. "Os americanos tinham uma dezena de nomeações para essa passagem quase impossível de todas as melodias: *the bridge, the channel, the tunnel*. Monk diz: *the inside*" (Wilde, 1996, 141).

Através da harmonia e da melodia, dos acordes, das escalas, através de qualquer forma, o importante é encontrar esse tempo que suspende todo tempo, esse som e esse silêncio no limiar da percepção, em que a música está perpetuamente em vias de nascer. Limiar perceptível através do ritmo, pois só um zigue-zague entre o silêncio e o som presente (organizado ou não), só uma técnica rítmica pode alcançar. O ritmo que passa por acentuações e por uma captura musical do improvável, por uma decisão involuntária, que invade toda melodia e harmonia. O ritmo é, em Monk, o resultado de uma complexa questão técnica.

1.10 – A dobra tema-improvisação em Monk e Guattari

"Eu penso ter técnica suficiente para tocar como eu quero. E, ainda, não, isso não soa totalmente exato. Muito frequentemente, eu imagino frases musicais que eu não posso reproduzir no piano. Se a técnica é isso, então realmente me falta técnica. Mas digamos, sobretudo, que eu tenho minha própria técnica", dizia

Monk em uma entrevista (Postif, 1989, 69). A técnica de Monk consiste em um modo de buscar favorecer o surgimento das dimensões não capturadas do som naquilo que historicamente o forma e o organiza e, por outro lado, não perder de vista o risco da desorganização completa, o caos a que o próprio Monk era reticente em relação ao então chamado *free jazz*. A técnica em Monk é, literalmente, uma aposta, uma busca, uma experimentação sempre a ser recomeçada. Como se essas dimensões sonoras que fogem do próprio som não pudessem seguramente ser pinçadas. Se a técnica não é, nunca, um modo de não começar sempre do zero, de outro modo, igualmente, jamais pode ser um manual exemplar, seguro – um modelo. É necessário – e todo o grande trabalho se reduz a isso – tentar favorecer o aparecimento desse *inside*. A técnica não é algo abstrato, como uma vontade ou um ideal. É feita de inúmeros procedimentos que podem ser utilizados. Falemos brevemente de três.

Em primeiro lugar, a hesitação. Monk dizia (idem, 71): "Acontece frequentemente comigo de hesitar entre duas notas antes de me decidir. Eu estou sempre surpreso com a maneira que eu soo; é isso que me dá uma grande alegria de tocar". Hesitações entre duas notas que culminam no silêncio, na escolha de nenhuma delas e, frequentemente, sobreposto a esse momento anterior, resultam na escolha pela coexistência de duas notas ou mais, como um modo de tocar o indecidível. Algo como

> […] uma qualificação incessante do ilimitado pelo limitado. Um tal desenvolvimento supõe um enfraquecimento progressivo do sistema tonal, ao menos enquanto promotor da linguagem: não é mais, com efeito, a ligação das notas que importa, mas uma organização no seio da qual, por sua duração, sua intensidade, sua originalidade sonora pode confirmar a

emissão simultânea das notas adjuntas: a nota qualifica o silêncio que a separa daquela que a segue (Jalard, 1986: 67).

Em segundo, como outro procedimento, há a gestualidade. Monk afirmava (Postif, 1989, 69): "eu tenho minha própria maneira de colocar os dedos sobre o piano, de fazer soar, de apoiar todo o meu corpo de um lado ou de outro para obter tal ou tal efeito [...] são esses tipos de coisas que nos tornam inimitáveis". A incorporação da sua gestualidade está a serviço da instauração de uma espécie de leveza, pela distribuição de pontos de gravidade corporal, capaz de também contribuir para a extração de uma sonoridade ainda não conhecida e que não poderia ser encontrada pela simples soma ou combinação dos elementos ou técnicas repertoriadas. Monk, por vezes, "parece procurar, com seu instrumento, objetos perdidos, as notas que não pode tocar e aquelas que lhe escaparam[,] como se o grau de tensão muscular pudesse se transmitir aos elementos mecânicos do piano e às cordas vibrantes, lhe permitindo, por uma sutil modificação de seu acorde, dar nascimento a essas *blue notes* específicas do jazz" (Ponzio e Postif, 1995, 255-56).

Tal gestualidade ocorre em vários níveis. De início, no modo como toca as teclas, o que implica toda uma outra concepção da acentuação e do timbre. Chegando ao ponto, por exemplo, de precisar apenas de uma nota de partida para compor o tema através de sua repetição. "É o caso do célebre *Thelonious*[.] Não acreditamos na simplicidade ou, pior, na ausência de elaboração. Trata-se, de fato, de uma melodia de timbres ou melodia harmônica. Nesse caso, a nota repetida encontra seu lugar – e, logo, sua função no acorde que a acompanha, a envolve, a encerra, a faz variar" (Ponzio e Postif, 1995, 313). Do ponto de vista corporal, no sentido estrito, é aí que se insere a maneira singular de utilizar os dedos, estendidos e não arredondados. Em segundo lugar, na direção oposta, isto é, não mergulhando dentro das possibilidades de uma nota, mas sim na textura de um som extraído pela junção, que necessita da extensão de várias notas, cabe destacar a função que desempenham os seus *clusters*. Um modo de alcançar sons e notas que as mãos não podem encontrar, mas o cotovelo, o braço e as mãos, conjuntamente, sim. Monk dizia (Ponzio e Postif, 1995, 256): "eu busco certas sonoridades e não as posso obter de outra forma. Tudo isso não é preparado, eu não sei mesmo quando vou bater nas teclas com meu cotovelo". Em todo caso, é preciso frisar, não concerne à introdução aleatória de um elemento dissonante:

> [...] tão grande é sua maestria do instrumento, de sua música em sua radical novidade, que aí onde se situam os famosos *clusters*, eles acedem, pela virtude de alguma misteriosa transmutação alquímica, ao estatuto de sons percussivos ou de acordes um pouco ricos, não rompendo em nada a discursividade da linha musical, perfeitamente integrados no curso normal de uma interpretação e contribuindo muito sob o plano rítmico.

Ainda acerca do procedimento da gestualidade, cabe ressaltar outro nível: o cruzamento das mãos, a mão esquerda tocando o lado direito do piano, e a mão direita, o lado esquerdo. De imediato, o efeito conquistado é o de "tocar a melodia da mão esquerda no agudo produzindo o acompanhamento da mão direita no médio" (idem, 258). É de um modo de desacelerar a composição, de ser forçado a tocar apenas as poucas notas que marcam o tema e a improvisação. Assim, pode ocorrer, inclusive, "o estranho espetáculo das duas mãos concorrentes, reunidas sob um espaço reduzido de algumas teclas, onde uma parece desfazer isso que a outra fez".[16]

É aí que se insere um terceiro procedimento, a partilha do acorde, que não se resume a uma distribuição das notas que uma mão executaria para outra, mas sim a descoberta de outras dimensões. Certamente, há uma colaboração no plano melódico, "passando a frase de uma mão a outra no curso da execução" (Wilde, 1996, 65). Em tal colaboração, o efeito é aquele de decepcionar a continuidade de uma altura esperada e fazer coexistir, pela ressonância, duas faces de uma mesma melodia. No entanto, na partilha do acorde, é outra coisa que acontece. Monk subtrai, por um lado, notas de um acorde tido como legítimo segundo as leis da harmonia. Por isso dizer que "Monk nunca toca todas as notas de um acorde e, em todo caso, certamente não toca em sua forma básica: tônica, terceira, dominante" (Ponzio e Postif, 1995, 112). Por outro lado, adiciona outras através da "utilização de harmônicas distantes provenientes da ressonância das cordas vibrantes" (idem). Há ainda vezes em que, sobretudo, subtrai e adiciona essas notas para fazer o acorde entre as duas mãos, "atingindo uma espécie de indecidibilidade concernente ao acorde que não é mais possível descrever segundo a cifragem harmônica tradicional no jazz" (idem, 113). Dois exemplos estão na análise feita por Philippe Baudoin (idem, 113):

---

[16] Todas essas dimensões da gestualidade – além de outras, que envolvem uma distribuição generalizada dos pontos de apoio de todo o corpo, das correlatas acentuações com os pés, que são, sem dúvida, atuantes com o conjunto das outras gestualidades aqui descritas – podem ser observadas no documentário de Charlotte Zwerin e Bruce Ricker, *Straight, no chaser*. De todo modo, as mãos também colaboram em outro sentido, crucialmente harmônico, que denota o modo de formação dos acordes próprios de Monk.

[...] Off minor, na medida 6. No que há de melhor das transcrições de Monk atualmente disponível, a cifra indica: Bb7. Essa cifra é empregada na falta de uma melhor, não leva em conta notas ausentes e esquece outras. Nós encontramos no acorde de Straight, no chaser: Bb7 mais uma nona menor, sem quinta e nem terceira, mas com mais uma décima primeira aumentada. Seria preciso, assim, cifrar esse acorde Bb7$^{b9\#11\text{omitido}3}$ para ter uma ideia não muito precisa.

Interessante observar, em todo caso, como esses procedimentos – com seus níveis, que formam o objetivo técnico de Monk, que é favorecer, buscar e tornar possível o que escapa ao som através dele mesmo, nele mesmo, o que permite a recriação da obra e o caminhar de uma existência vinculada a essas descobertas – estão subordinados, completamente, a sua maneira de lidar com a dobra tema-improvisação. É exatamente aí que as mãos continuarão a cumprir uma função decisiva. São elas que afirmarão, ao modo de Monk, a harmônica tensão entre o destino e a liberdade.

Assim, o desprezo pela forma, no entanto, não significará um abandono do tema-improvisação como força da obra de Monk. Implicará, sim, uma maneira totalmente nova de pensá-los. Como pode funcionar um tema e uma improvisação de Monk, quando o objetivo de sua música é encontrar e criar essa dimensão imperceptível, o que se chama de *the inside*, que não diz respeito exclusivamente a nenhuma nota, nenhuma melodia, nenhum acorde, nenhum tempo, mas ao fato de tornar perceptível um puro movimento de criação de todas as dimensões da música (ele mesmo, portanto, em recriação contínua)?

Tema e improvisação não serão um fator de organização de sua música, mesmo que para extrair todo tipo complexidade, riqueza e variação. Serão um modo de compor esse próprio movimento. Deixam de ser uma forma, para se tornarem uma técnica, uma prática, um percurso que se percorre. Como Monk faz isso? Transformando a parte tema-improvisação, o mesmo chamado-resposta, "o mesmo que muda", como dizia LeRoi Jones (2014, 175), em movimentos das suas mãos. O jazz faz, em grande medida, esse movimento. Sobretudo, os pianistas – a mão esquerda toca o tema, seja sua melodia ou sua grade harmônica, para liberar a direita para a improvisação, *grosso modo*. Em Monk, o tema-improvisação é tocado por ambas as mãos. A mão esquerda e a mão direita tocam, respectivamente, o tema e a improvisação. As duas mãos são liberadas e cruzam-se recorrentemente.

O tema é, a um só tempo, tocado e improvisado nas duas direções de uma mão, a esquerda. Mas a mão direita toca uma improvisação e o tema. Uma improvisação feita a partir daquilo que a mão esquerda envia, isto é, uma improvisação que recebe um tema e uma improvisação. Uma resposta não apenas a um chamado, porém uma resposta a um apelo e uma resposta a uma resposta, recebida assim, em bloco. Na outra direção da mão direita, o tema também é tocado. Mas não é simplesmente uma repetição do tema da mão esquerda e nem coincide com a forma tema na música. É a reafirmação do tema, repetição do tema que não deixa de se manifestar nas belas articulações dos *riffs*. Como escreviam Ponzio e Postif (1995, 313),

> […] os temas-*riffs* são uma especialidade do grande Thelonious. Não que ele tenha inventado o procedimento do *riff*, mas ele o utiliza imediatamente para promover o nascimento de um tema vetor de uma improvisação de que é sempre surpreendente constatar a vivacidade, a variedade, a partir de algumas notas repetidas. Seu poder emancipador reside, sobretudo, nas fórmulas rítmicas empregadas. Tal é o caso de

Bye-ya, Shuffle boil, Nutty, Oska T., Green chimneys, etc.

E quando "o *riff* dura mais de uma medida, realizando um ritornelo renovado *ad infinitum*, fala-se de *leitmotiv*, como em *Bemsha swing, Friday the 13th, Little Rootie Tootie, Locomotive, Raise four, Brake's sake*".

Há uma linearidade, portanto, que vai da mão esquerda para a mão direita e termina na mão direita: tema-improvisação-improvisação-tema. Mas é um círculo, uma espiral, em que o final da sequência é algo que rompe com um retorno ao mesmo ponto: tema-improvisação-improvisação-reafirmação do tema. A reafirmação do tema é o que permite o início de uma nova sequência, mas tudo já mudou. Tanto o que vai surgir de novo quanto tudo o que foi tocado, tudo é requalificado. Sairá uma melodia, nas obras de Monk, ao fim de todo esse processo que está presente desde o início. A melodia é um ponto de apoio no caos desse movimento de conexões em muitas direções e em sentidos entre as duas mãos. Porém, o resultado e o meio desse movimento são rítmicos. Michel-Claude Jalard (1986, 64 e 70) dizia algo relevante a respeito de Ellington, Monk e Taylor, ao afirmar que eles

> [...] substituem uma concepção hipotética do tema – sequência harmônica que torna possível um número infinito de variações – por uma concepção categórica – dado que é preciso aprofundar, revelá-lo para ele mesmo. O tema, aqui, é ao mesmo tempo o horizonte e o material [,] a noção de variação temática é trocada por aquela de abordagem temática.

E, firmemente, continuava: "'o que pode um homem?', perguntava Valery; 'que pode um tema?' parecem perguntar os três *jazz men*". E, em Monk, especificamente, "a coerência da improvisação repousa sobre a pura exterioridade do tema".

No nível formal, para Monk atingir o *inside*, através desse movimento de composição tema-improvisação aplicado sobre as mãos, apenas uma nota pode servir. "Certas composições particularmente elípticas podem girar, enfim, ao redor de apenas uma nota", como é o caso de "Thelonious" e "Worry later". Talvez seja o caso de dizer que Monk fez de sua obra uma ininterrupta retomada de seus temas: o "tema vai se tornar uma prova e, enquanto passagem obrigatória, a isca de uma iniciação" (Buin, 2002, 25).

Acerca da recomposição do tema, Yves Buin (2002) dedicou, em seu livro sobre Monk , um capítulo inteiro, chamado "Les éternels retours", para descrever como cada tema de Monk é, de uma versão para outra, recomposto sem passar necessariamente pela improvisação (sendo esta considerada, nesse momento, no nível da forma, da estrutura que organiza uma peça musical). A própria exposição do tema – considerando, agora, também o tema na sua forma reconhecível, melódica – deve passar pela prova de sua recomposição (onde a improvisação terá um papel fundamental). "A repetição, em Monk, não é repetitiva, ela é a busca da essência" (Buin, 2002, 38). A essência é o *inside*, o movimento de recriação da música, cada tema é a materialização do problema da recriação. Essência? Não nos distraiamos com o vocabulário metafísico, o mesmo pode ser dito com outro vocabulário: "é a ilustração inesperada, sobre o plano jazzístico, do adágio existencialista: 'a existência precede a essência'" (Hodeir, 1988, 139-140).

Ora, é preciso não perder de vista algo: o problema é tecnicamente musical, o que o torna ainda mais político. Baraka dizia: "Monk é velho sábio, no sentido de que tem a sua disposição fatos de que todo pianista ou todo homem, por essa razão, poderia tirar um ensinamento".[17] É possível estabelecer tal campo de imanência, que estritamente diz respeito aos modos de estabelecer um movimento, entre as técnicas de tema-improvisação de Monk com a micropolítica e todas as suas improvisações no pensamento de Guattari? Tem-se aí algo que só pode ser avaliado no decorrer do percurso. Mas é o que está em jogo: a política é o tema da existência no pensamento de Guattari, mas um tema que só pode emergir com suas improvisações esquizoanalíticas, pragmáticas, ecosóficas, éticas, etc.[18]

É preciso encarar um tal gênero de coexistência entre música e política para atingir os movimentos existenciais. "A música", dizia Guattari (2013a, 22), "está em nosso lugar, nos ocupa literalmente". Portanto, o melhor seria, como escreviam Deleuze e Guattari (1980d, 101), não sem humor e ainda assim com bastante seriedade, ser "perdoado" por não escrever musicalmente, que a escrita "fosse musical, escrevê-lo em música, o que fazem os músicos". E se a escrita pode ser uma música, é porque também tem uma potência a-significante, como no antigo desejo das mais intensas filosofias: produzir um modo de existência menos baixo, uma fagulha de um foco de subjetivação que se insinua através dos intervalos das palavras, das escalas das noções e das inesperadas acentuações noéticas. É preciso, enfim, como afirmava Guattari (2013a, 17), "não fazer uma separação absoluta dos elementos musicais, musicológicos, dos elementos pessoais, afetivos, dos fantasmas, das fobias, dos modos de comunicação corrente. Tudo isso constitui uma só bola, um só núcleo de enunciação".

---

[17] A frase de Baraka está em Buin, 2002: 7.
[18] Outros meios ou práticas poderiam ser mencionados, como, por exemplo, a revolução molecular como uma improvisação revolucionária da política.

ALGUMAS IMPROVISAÇÕES

E dessa vez é para ir ao encontro de forças do futuro, forças cósmicas. Lançamo-nos, arriscamos uma improvisação. Mas improvisar é ir ao encontro do Mundo, ou confundir-se com ele.

Deleuze e Guattari

2.1 – Esquizoanálise como uma improvisação analítica da política

A condição para todo relançamento da análise – por exemplo, a esquizoanálise – consiste em admitir que, de um modo geral, e por pouco que nos apliquemos a trabalhá-los, os Agenciamentos subjetivos individuais e coletivos são potencialmente capazes de se desenvolver e proliferar longe de seus equilíbrios ordinários. Suas cartografias analíticas transbordam pois, por essência, os Territórios existenciais aos quais estão ligados. Com tais cartografias, deveria suceder como na pintura ou na literatura, domínios no seio dos quais cada desempenho concreto tem a vocação de evoluir, inovar, inaugurar aberturas prospectivas, sem que seus autores possam se fazer valer de fundamentos teóricos assegurados pela autoridade de um grupo, de uma escola, de um conservatório ou de uma academia [...] *Work in progress*! (Guattari, 1989b, 22).

Eis, aí, as razões que nos levam a pensar a esquizoanálise como uma micropolítica analítica.

Se a própria micropolítica foi tantas vezes formulada como uma micropolítica do desejo, isso se deu porque, nesse contexto, uma nova concepção do desejo era a entrada que permitia Guattari pensar a função da análise. Tal contexto poderia ser considerado como importantes fraseados dessa improvisação (sobretudo o que encontramos reunido em *A revolução molecular*, 1981). Mas não é o desejo, e sim a análise, o foco de sua questão. Ou, para ser mais preciso, é necessário perceber que a análise do desejo é inseparável de uma investigação acerca dos desejos que sustentam as práticas analíticas.

Como pode funcionar uma análise que não é nem uma cura, nem uma integração simbólica e/ou adaptação, reterritorialização enrijecida de um desejo que foge e acentua-se na direção de um não reconhecimento das significações dominantes (caso dos loucos e também das organizações revolucionárias)? Como pode funcionar uma análise que, como foi dito, não é realizada por um indivíduo analista (mesmo quando se trata do agenciamento dual analista-analisando)? Como pode ainda se falar de análise tendo em vista que Guattari opera uma intensa desterritorialização dos objetos tradicionalmente circunscritos nos fundamentos tradicionais da análise?

A primeira coisa a ser dita acerca da esquizoanálise é que ela é uma improvisação do tema da política. E é, também, uma improvisação de outra improvisação do tema da política, a saber, a análise institucional, que é, por sua vez, uma improvisação institucional da política. A análise institucional, por mais que abranja o desenvolvimento de uma perspectiva analítica nova, permanece tendo como catalisador a problemática da instituição, da criação institucional. O que não impede, retrospectivamente, de pensar, tal como o desejo, que a instituição fornece ainda uma outra entrada para o problema da análise – outro fraseado da improvisação. O serve, aliás, para marcar o fato de que, se uma linha de improvisação se atenua ao ponto de se destacar, não significa que ela seja independente das outras improvisações, com as quais não só coexiste paralelamente, como também se cruza em diversos pontos da recomposição do tema, do qual todas são motores. As obras *O inconsciente maquínico* e *Mil platôs* são explícitas a esse respeito – a micropolítica esquizoanalítica requerendo e amplificando uma micropolítica pragmática.

Dessa maneira, por que Guattari se interessou, através da esquizoanálise, por recompor e retomar a análise institucional a partir de uma responsabilidade ética diante de uma das suas próprias criações? Com quais singularidades da análise institucional a esquizoanálise nutriu sua preocupação, atenção e cuidado? Quais forças de um determinado meio ela tentou reativar? Tudo isso pressupõe, então, uma avaliação de Guattari acerca de uma despotencialização da análise institucional, uma captura e uma integração aos mesmos paradigmas científicos, de cunho sociológico que, no lugar do indivíduo-analista, colocam a instituição como uma unidade igualmente individualizada. É um risco imanente que a análise institucional correu, risco muitas vezes concretizado. Por isso a pretensão da esquizoanálise de recriar as singularidades do meio institucional. Guattari (2012, 456-457) escrevia com todas as letras:

> [...] a esquizoanálise procura se demarcar radicalmente dessas pretendidas "análises institucionais". O que conta para ela é totalmente contrário a uma centragem sobre o significante e sobre os líderes analistas. Ela procura contribuir

para um policentrismo semiótico favorecendo a formação de substâncias semióticas relativamente autônomas e intraduzíveis, acolhendo assim o sentido e o não-sentido do desejo, buscando não adaptar os modos de subjetivação às significações e às leis sociais dominantes. Seu objetivo não é, de modo algum, recuperar os fatos e gestos fora da norma, mas, ao contrário, dar lugar aos traços de singularidade dos sujeitos, que, por uma razão ou por outra, escapam à lei comum[.] O mínimo de riso, de humor, para uma zombaria que retira golpe após golpe as pretensões pseudocientíficas dos psicanalistas de toda espécie. Assim se encontraram "semioticamente formadas", mas também socialmente organizadas, princípios de resistência, não apenas para desprezar a psicanálise, mas também as técnicas de intimidação que trabalham o alinhamento da população sobre os modelos familiais-centristas e às hierarquias do sistema. Que esteja claro aqui que nós só buscamos condenar a psicanálise em nome de uma outra prática de análise, de uma análise micropolítica que não estaria jamais apartada – em todo caso jamais deliberadamente – do real e do campo social. Isto é, em nome de uma verdadeira prática da análise. A reprovação principal que nós endereçamos aos psicanalistas é, com efeito, que eles não fazem análise. Eles se refugiam em seus escritórios, atrás da transferência, para que a cura se desenrole em vaso fechado, para que nada do exterior, jamais, advenha. Fizeram da análise um exercício de pura contemplação do deslizamento dos significantes, oriundos de qualquer interpretação, o mais frequentemente, de jogos de sedução incompreensíveis.

A esquizoanálise foi continuamente recomposta. Desde sua gênese nos anos 1970, atrelada a uma nova concepção do desejo, até o paradigma estético pensado por Guattari no final de sua obra, passando, sem dúvida, pela perspectiva ecosófica. Isso porque, através de suas improvisações, o problema da análise, de como e por que se deve analisar, permaneceu central. Durante todos os anos 1980 e início dos 1990, Guattari buscou repensar esse problema através de seus seminários que, não por acaso, culminam no seu livro *Cartographies schizoanalytiques*. É num desses seminários (1985, 1) que expõe *sua* questão: "Então, eu retorno sempre ao meu problema desde anos, eu não sei se vocês tomaram partido, eu tento sempre colocar a questão: o que quer dizer essa história de análise, análise de quê?" A resposta é que a análise é sempre a análise das linhas de fuga, das singularidades ou dos índices de fuga, que são as chaves para uma recriação da subjetividade, individual e coletiva.

As questões começam aqui: quem analisa? O que é analisado? O que é a análise? Primeiramente, se tão desterritorializada em relação ao que tradicionalmente se entende por análise dentro da psicanálise, por que Guattari mantém esse termo? Ele escreve:

> [...] na medida em que avançamos [...] minha referência a Freud não funciona mais como uma referência a um corpo de saber, isso aparece sobretudo como uma referência a um acontecimento. Um acontecimento, a criação de um novo gênero, como um gênero literário, como um gênero de performance teatral – um novo paradigma de produção da subjetividade (Guattari, 1985, 1).

Um acontecimento do qual se é herdeiro, no entanto, pelo intermédio de outros precursores, talvez se possa dizer, inventados por Guattari, pois, historicamente, não fazem parte dessa mesma história – ainda que Guattari faça com que eles pertençam ao mesmo acontecimento,[19] o acontecimento Freud. O que quer dizer que chegar até Freud só é possível por intermédio de "Proust, Joyce, Kafka, Beckett, etc., verdadeiros especialistas dos objetos mentais hiperdesterritorializados" (Guattari, 1979, 225). E repete, complementando:

> [...] a meu ver, é evidente que os maiores psicanalistas não são nem Freud, nem Lacan, nem Jung, nem alguém desse gênero, mas gente como Proust, Kafka ou Lautréamont. Eles conseguiram respeitar as mutações subjetivas muito melhor que os empreendimentos de modelização pretensamente científicos (Guattari e Rolnik, 2005, 45).

Por fim (idem, 243):

> [...] as cartografias feitas nas tentativas de expressão coletiva, como o candomblé, no nível da expressão poética e literária, devem ser consideradas de pleno direito como cartografias analíticas. Elas possuem a sorte de se inscrever fora do esquadrinhamento dos equipamentos coletivos. Os analistas, para

---

[19] Jorge Luis Borges (2007, 130), em "Kafka e seus precursores", escrevia: "no vocabulário crítico, a palavra precursor é indispensável, mas seria preciso purificá-la de toda conotação de polêmica ou rivalidade. O fato é que cada escritor cria seus precursores. Seu trabalho modifica nossa concepção do passado, assim como há de modificar o futuro. Nessa correlação nada importa a identidade ou a pluralidade dos homens". Essa é uma boa entrada para enxergar a relação de Guattari com certos pensadores e, em especial, com certas disciplinas e práticas nas quais ele está situado: que possíveis se abriram em um passado que parecia encerrado e continuamente reificado em uma pretensa identidade? O possível aberto não está inscrito no que está dado, como uma espécie de reserva delimitada em objetos circunscritos. O possível, se pertence ao futuro, é um processo que só pode ser sustentado por uma conexão que o sustente em outros agenciamentos. O futuro sendo, portanto, uma questão de persistência das aberturas de um passado recriado, em recriação contínua.

mim, são gente como Lautréamont, Kafka, Artaud, Joyce, Proust, Borges…

O acontecimento Freud só se torna um acontecimento pela ótica daqueles cujo tratamento analítico das matérias em questão força a criação de uma análise inteiramente automodelizante, com ferramentas novas. Mas o que há em todas essas instâncias, individuais ou coletivas, que Guattari valoriza como desempenhando uma interessante função do analista e uma outra concepção de análise correspondente? É que a cartografia analítica (o mapa ou o diagrama das singularidades consideradas) se confunde tanto com uma cartografia especulativa (a criação de teoria, de técnicas e de práticas que aparecem conjuntamente com as singularidades) que torna perceptíveis as singularidades, quanto com uma cartografia existencial, com o surgimento de um processo de singularização, uma produção de existência, que está carregada com certas ferramentas capazes de enfrentar os pontos de impasse e bloqueio. Ferramentas com potencialidades especiais para não esmagarem o encontro com as singularidades de uma vida. Não de uma vez por todas, evidentemente. O que, por outro lado, não implicará nada parecido com uma "análise interminável", de aplicação, a despeito dos efeitos, sem fim. Aplicação do mesmo quadro de referência, das mesmas chaves de leitura, dos mesmos "igualitarismos das explicações", como diz Guattari. Se há, talvez, um infinito na análise, é a atividade de agenciar continuamente a criação de novas ferramentas (teóricas e práticas) diante das novas condições e natureza dos impasses e do favorecimento da experimentação de novas singularidades.

A maneira como Guattari aborda a noção de sintoma – para utilizar um exemplo restrito, isto é, através de

reterritorialização da esquizoanálise sobre o quadro teórico-
-prático da psicanálise – mostra esse movimento.

> [O] sintoma, o lapso, o chiste são concebidos aqui como objetos separados, permitindo a um modo de subjetividade, que perdeu sua consistência, encontrar a via de um se "pôr em existência". O sintoma funciona como ritornelo existencial a partir de sua própria repetitividade[.] A função existencial dos agenciamentos de enunciação consiste na utilização das cadeias discursivas para estabelecer um sistema de repetição, de insistência intensiva, polarizada entre um território existencial territorializado e Universos incorporais desterritorializados[.] Nessa perspectiva, reuniões de caráter político ou cultural terão a vocação para tornar-se analíticas e, inversamente, o trabalho psicanalítico será chamado a se entrelaçar com múltiplos registros micropolíticos (Guattari, 1992, 45-46 e 177).

Em vez de ser um signo representacional, cuja positividade residiria apenas em ajudar a compreender o que causa o verdadeiro problema (escondido e, sobretudo, já conhecido, bastando reconhecê-lo), o sintoma, para Guattari, aparece já como uma tentativa (por mais precária que seja) de construção de um território existencial, um território onde a vida vale a pena ser vivida, no seio de um turbilhão de impasses e sufocamentos de dimensões das singularidades envolvidas no processo em questão. Não se trata, aqui, de conceder uma espontaneidade ao "analisando", como se ele trouxesse sua chave de leitura, suas respostas e, por que não, sua teoria analítica. Caso no qual o analista seria apenas um enigmático agente de conscientização e explicação daquilo que, no entanto, o analisando já sabe. Ou, caso pior, o analista seria, através dessa conscientização, um agente de integração nas significações dominantes que ele reapresenta a uma subjetividade que se perdeu. A análise se resumindo a uma reinserção dos modos de existência envolvidos em uma existência já-aí. De modo muito diferente, Guattari afirma, em *Caosmose* (1992, 34-35), que a análise tem por função quebrar com a linearidade da existência.

Se a análise psicanalítica, segundo Guattari, de um modo geral, não chega a fazer análise, é porque, diante de um conjunto de singularidades irredutíveis, diante de sintomas que se autobloqueiam, que não encontram as condições, as circunstâncias e os materiais para ganhar consistência, a análise sempre supõe um mundo a restaurar, ainda que não coincida com os estados de coisa atuais. Os sintomas são vistos como pontos que devem ser remetidos à linearidade de uma existência já-aí. A função da análise fica reduzida a reintroduzir justamente o que poderia ser visto como uma singularidade – que poderia ter a potência de reagenciar um outro mundo – em uma cadeia de sentidos, de referentes e de coordenadas perceptivas da ordem dominante. É aí que se pode dizer que não há propriamente análise, mas um gigantesco esforço para mostrar que o que se insinua como ruptura não passa de defeito da normalidade. A psicanálise mergulha nesse ponto de *quase* ruptura para desfazê-lo, para converter as suas rugosidades em mais um segmento da linearidade da existência. Assim, a psicanálise derruba o bloqueio dos fluxos de normalidade, ainda que sob a forma sintomática, enfraquecendo uma tentativa desesperada, e frequentemente fracassada, de compor um mínimo de território existencial.

Em Guattari, para uma análise ser realizada, também é preciso um mergulho nesse ponto. Com o objetivo, sem dúvida, de também desfazê-lo. Mas tomando-o como uma linha de fuga da linearidade da existência. É a partir desse ponto que a análise abre linhas (possíveis) que não preexistiam. É uma caracterização da análise como bifurcação:

> [Buscar as] linhas de virtualidade que se abrem a partir do acontecimento de seu surgimento. Tomemos um exemplo simples, um paciente em tratamento permanece bloqueado em seus problemas, gira no vazio, se atola em um impasse. Ele diz um dia, sem dar muita importância: "Eu pensei em retomar minhas aulas de direção, pois já não dirijo há anos"; ou "eu tenho vontade de aprender a formatar um texto". Esse gênero de proposta pode permanecer desapercebido em uma concepção tradicional da análise. Entretanto, uma tal singularidade, pode se tornar uma chave que desencadeará um ritornelo complexo, que modificará não apenas o comportamento imediato do paciente, mas abrirá novos campos de virtualidade: a retomada do contato com pessoas que ele perdera de vista, a possibilidade de se conectar novamente com antigas paisagens, de reconquistar uma segurança neurológica. Aqui, uma neutralidade muito rígida, uma não-intervenção do terapeuta se tornaria negativa; é preciso aproveitar a ocasião, aquiescer, correr o risco de se enganar, tentar a sorte, e dizer "sim, de fato, essa experiência talvez seja importante". Jogar o acontecimento como portador eventual de uma nova constelação de Universos de referência. Eis por que eu opto em favor de intervenções pragmáticas voltadas para a construção da subjetividade, em direção à produção de campos de virtualidades que não estejam reduzidos apenas a uma polarização vinda de uma hermenêutica simbólica ancorada sobre a infância. Dessa concepção da análise, o tempo cessa de ser vivido de modo passivo; ele é agido, orientado, objeto de mutações qualitativas. A análise não é mais a interpretação transferencial de sintomas

em função de um conteúdo latente preexistente, mas a invenção de novos focos catalíticos suscetíveis de fazer bifurcar a existência (Guattari, 1992, 34-35).

Disso decorre, para pensar a esquizoanálise e o funcionamento da análise dessa práxis, a necessidade de localizá-la a partir de um plano de transversalidade e não de um plano de transferência. A psicanálise, com toda a ambiguidade dos primeiros trabalhos de Freud, sobretudo através da invenção deste dispositivo chamado "cena analítica" – que apresenta o que há de mais próprio em relação ao modo anterior à psicanálise de funcionamento da análise, isto é, prescindindo, como no emblemático caso da histeria, de uma correspondência do sintoma com uma lesão orgânica, e buscando fornecer a esse sintoma um estatuto existencial próprio – só pode surgir a partir desse plano de transferência.[20]

O surgimento da psicanálise é inseparável do traçado de um plano de transferência – como a filosofia traça um plano de imanência ou a arte um de composição (segundo a perspectiva apresentada por Deleuze e Guattari em *O que é a filosofia?*) –, em que o analista e o analisando poderiam firmar-se como uma espécie de dupla despersonalização ("golpe de loucura" de Freud, valorizado por Guattari), com força suficiente, diante de uma singularidade, de alterar tanto a teoria e a prática analítica quanto a produção de subjetividade do analisando. Uma vez que, por definição, essa despersonalização implica uma desterritorialização da organização sensório-motora dominante tanto do analista quanto do analisando, em suas respectivas identidades.

---

[20] Cf. as análises de Stengers em *La volonté de faire science: a propôs de la psychanalyse*.

Riqueza desse dispositivo que cria (e se cria) as possibilidades de apreensão de uma subjetividade pática, isto é, não-discursiva – mesmo que a palavra sirva para chegar até ela –, não individual – mesmo que implique efeitos muito concretos na corporalidade individual – e, principalmente, da ordem do afeto, a substância da matéria-prima da produção de subjetividade "se instaurando 'antes' da circunscrição das identidades, e se manifestando através de transferências não localizadas, tanto do ponto de vista de sua origem, quanto de sua destinação" (Guattari, 1989a, 251). O que permite dizer:

> [...] que a psicanálise nasceu desse ponto de fusão entre objeto-sujeito que vemos em curso na sugestão, na hipnose, na histeria. É uma tentativa de leitura do transitivismo subjetivo da histeria que está na origem da prática e da teoria freudiana. De outro modo, os antropólogos – desde Lévi-Bruhl, Priezluski, etc. – mostraram que existia, nas sociedades arcaicas, o que chamam de uma "participação", uma subjetividade coletiva investindo um certo tipo de objeto, e se colocando em posição de foco existencial do grupo (Guattari, 1992, 44).

Essa produção de subjetividade pática, cujo afeto é a expressão de um encontro, dada em uma zona na qual forças de entidades muito heterogêneas – de toda ordem – podem se encontrar em regime de persistência de sua própria heterogeneidade em relação às heterogeneidades exteriores, ou seja, sem reducionismo, essa produção é o material que poderia alimentar a passagem, no transporte, sem partida e chegada, que há na transferência. A transferência, literalmente, como conexão e não como representação. Uma conexão voltada para o futuro e não uma representação de uma causa do passado. "A ênfase não está no passado. No curso de seu trabalho o analista se revela, reinventa-se e assume riscos. No lugar de interpretar a transferência, se apoia na produção do que se revelará como um novo foco polifônico da subjetivação, algo que não havíamos imaginado de início, de antemão" (Guattari, 1989c, 48).

Se houver uma retomada da noção de transferência em Guattari, ela passa por aí. Mas uma retomada especial, talvez, paradoxal. Uma vez que a transferência foi abandonada para permitir nascer a noção de transversalidade. Um abandono pelo qual a transferência pôde ser retomada como transferência existencial. Mas, cabe perguntar, como a passagem, o transporte de um afeto, que, em vez de ir de um lugar para outro, tendo proprietário, pode se instaurar entre os componentes que concorrem a uma função existencial, a uma singularização da subjetividade? Eis o motivo de Kafka, Proust, Joyce, etc., aparecerem, mais que Freud, como os precursores da esquizoanálise. Eles que fizeram "monografias esquizoanalíticas", segundo a expressão de Guattari. Foram os que criaram uma obra cuja consistência é, inteiramente, tributária de uma composição, de um bloco, de interações, entre afetos existenciais. Em *Cartographies schizoanalytiques*, Guattari (1989a, 252) escreve que

> [...] o afeto não depende de categorias extensionais, suscetíveis de serem numeradas, mas de categorias intensivas e intencionais, correspondendo a um autoposicionamento existencial. Desde que nós começamos a quantificar um afeto, perdemos de imediato suas dimensões qualitativas e sua potência de singularização, de heterogênese, em outros termos, as composições acontecimentais, as "hecceidades" que ele promove. É o que ocorreu com Freud quando quis fazer do afeto a expressão qualitativa da quantidade da energia pulsional (a libido) e de

suas variações. O afeto é processo de apropriação existencial pela criação contínua de durações de ser heterogêneas e, a esse título, certamente, seria melhor renunciar ao tratamento do afeto sob a égide de paradigmas científicos para nos voltar deliberadamente para paradigmas ético-estéticos.

Seria o caso de perguntar o motivo de Guattari se debater tanto com a análise sem abandoná-la. O que vai mal nesta história de análise? O que vai mal desde o início e, no entanto, coexiste com o que vai bem desde o início? Tudo gira em torno da obsessão da psicanálise em alinhar suas descobertas com os paradigmas científicos. Podemos elencar, como um exemplo, a apresentação de Guattari (sobretudo em *Cartographies schizoanalytiques*) da chamada segunda tópica freudiana, que esmaga o processo primário que aparece na primeira tópica, ao retirar-lhe, justamente, toda possibilidade de entrada na materialização de uma ruptura de sentido, irrupção do não-sentido, com sua lógica própria, com sua semiótica própria, com sua eficiência própria – tal como Freud de *A interpretação dos sonhos* tentou manejar. Outro exemplo, disseminado por todo *O anti-Édipo*, é o quanto a descoberta do desejo infantil é tapada pelo complexo de Édipo e por todo familismo, o quanto essa descoberta escandalosa – sua agudeza – precisou ser aparada em respeito às significações da família burguesa.

O que caracteriza, em todo caso, o paradigma científico é que ele também faz uma opção micropolítica. Não invoco aqui a simples determinação de uma obediência, tanto do ponto de vista dos psicanalistas, enquanto indivíduos, ou de suas instituições, à ordem dominante, sendo ela deliberada ou não, estando ela, como de fato ocorre, em curso ou não. O mais importante, para esse paradigma, é a sua capacidade de se apoderar das práxis, como é o caso da psicanálise, por dentro – pelos meios de que dispõem, pelas práticas que configuram suas especificidades. Trata-se de dotá-las de uma espécie de armadilha: apenas a seriedade científica pode fornecer a consistência de um saber. Só esse paradigma permite certificar suas técnicas. Mas o que é essa seriedade? Primeiramente, uma desvalorização sistemática de tudo que pode "fugir do controle", não ter resposta, colocar desafios, forçar o pensamento a uma criação contínua. Eis o motivo desse paradigma implicar a extinção, para se constituir, de todos os modos de existência que não passam pela seriedade dos critérios e das provas inventadas pelo próprio paradigma – o que revela aquilo que o anima: uma vontade de homogeneização, de aplainamento.

> Em que está apoiada a propensão significante reducionista sobre a qual o afeto psicanalítico não parou de deslizar, com suas transferências cada vez mais vazias, suas trocas cada vez mais estereotipadas e assepatizadas? Ela é inseparável, para mim, de uma curvatura muito mais geral dos Universos capitalísticos, na direção de uma entropia das equivalências significacionais. Um mundo onde tudo se equivale; onde todas as singularidades existenciais são metodicamente desvalorizadas; onde, em particular, os afetos de contingência, relativos à velhice, à doença, à loucura, à morte, são esvaziados de seus estigmas existenciais para apenas depender de parâmetros abstratos, gerados por uma rede de equipamentos de assistência e de cuidados – banhando-os em uma inefável, mas sempre presente, atmosfera de angústia e de culpabilidade inconsciente (Guattari, 1989a, 267).

O plano de transferência é, desse ponto de vista, ocupado, plenamente, por formas de transcendência que impedirão que a psicanálise chegue a efetuar alguma análise, pois desaparece de sua prática a mínima percepção de uma singularidade existencial. A transcendência não é, e nem nunca foi, a afirmação de um outro mundo, é, sim, a desvalorização e a negação da singularidade deste mundo ou, para dizer com outras palavras, do mundo de incógnitas que as singularidades carregam. É nesse sentido que Guattari (com Rolnik, 2005, 315) escreveu que a transferência é uma

> [...] armadilha mortal. Poderíamos dizer que sempre que ocorre a transferência, é que se instaurou uma situação de alienação, o que, provavelmente, funciona como um obstáculo aos verdadeiros processos analíticos. Na época da minha carreira de analista tradicional, eu tinha estabelecido uma espécie de analogia entre todos os começos de análise; cheguei até a confirmar isso com outros analistas. Parecia que no começo dos tratamentos, da primeira sessão até o quinto, sexto, sétimo mês, mais ou menos, existia e se mantinha uma certa produtividade. No entanto, a partir daí acontecia uma espécie de fenômeno global de massificação, de solidificação, correspondendo à instauração dos fenômenos de transferência, que funcionariam, durante anos a fio, como um verdadeiro fenômeno de implosão dos processos analíticos.

Como escapar da transferência será um problema que diz respeito à relação da análise, na esquizoanálise, que impulsiona Guattari na criação da noção e mesmo de um plano de transversalidade, em que seu pensamento se move. Mas essa transversalidade não tem uma pura forma *a priori* e inalterável da análise. É modulada pelos agenciamentos analíticos em que entra, que são de três tipos: agenciamento-dual, do tipo "clássico"; agenciamento-institucional, como na análise institucional, relacionado a uma instituição específica, no sentido comum do termo (hospitais, escolas), ou a uma instituição como sinônimo de grupo, movimento ou organizações (organizações de militância, grupos de pesquisa); e, ainda, agenciamento-coletivo. Evidentemente todo tipo de coexistência e relativas preponderâncias de um sobre os outros podem ocorrer. Entretanto, pode-se considerar que há esquizoanálise quando o agenciamento-coletivo está presente enquanto tal. Digo isso pois, em cada agenciamento, pensar a análise transversalmente implica tomar esta própria noção de agenciamento segundo a precisa formulação de Stengers (2017, 11):

> [...] um agenciamento, para Deleuze e Guattari, é a reunião de componentes heterogêneos, uma reunião que consiste na primeira e última palavra da existência. Não se trata de eu existir primeiro e depois entrar nos agenciamentos. Pelo contrário, minha existência é minha própria participação nos agenciamentos, pois não sou a mesma pessoa quando escrevo e quando me pergunto sobre a eficácia de um texto depois de ele ser escrito.

Como escrevia Guattari (1979, 184), "eu me atrevi a considerar que toda ideia de objeto social, toda entidade intrapsíquica deveria ser substituída por uma noção muito mais englobante, porém muito menos redutora: aquela do agenciamento". Não é que tudo esteja circunscrito no agenciamento, como uma forma inalterável, é que essa noção tem por função sensibilizar a atenção para o fato de que, dada a incidência de uma problemática, é preciso considerá-la a partir da consistência que ela tem em conexão com tudo aquilo a que está conectada. Não é possível conceber um modo de existência fora de um agenciamento. O agenciamento, ressalta-se, não é uma estrutura que determina a posição de cada componente. É o arranjo, a composição, a consistência que tais e tais elementos, que constituem o próprio agenciamento, adquirem a partir da natureza da conexão que tecem de tal ou tal modo, sob tais e tais circunstâncias.

A esquizoanálise é, portanto, sempre a análise de um agenciamento, necessariamente coletivo. A análise de uma multiplicidade, heterogênea, guardando no seio de sua imanência as coordenadas emergidas das inúmeras e variadas conexões entre seus elementos igualmente heterogêneos. É do ponto de vista do agenciamento que a categoria de afeto toma todo seu sentido. Não como transferência vertical ou horizontal, mas como enunciação que, ao ter sua parte na expressão do agenciamento, é o índice de uma mutação existencial em curso que deverá ganhar a consistência suficiente para criar um novo agenciamento, um novo modo de existência, um processo de singularização da produção de subjetividade. Para dizer de outra maneira, a análise é uma atividade que consiste em tentar suscitar novas conexões a partir dos pontos de ruptura. Pois cada componente do agenciamento, não sendo substituível, é, para a esquizoanálise, uma valiosa chance para intensificar um processo de singularização.

A análise, assim, não deixa de fazer uma avaliação entre elementos que podem ter essa chave catalítica para um autoposicionamento existencial. Por definição, não pode haver universais para o reconhecimento desses componentes, muito menos haver bons métodos para enriquecê-los. Pois eles não seriam singulares se assim pudessem ser apreendidos. O que não significa que tudo deva começar do zero a cada etapa da análise esquizoanalítica. A esquizoanálise nada tem a ver com uma tábula rasa ou com espontaneísmo. Significa, apenas, que deve ser recomposta, infletida, a partir do agenciamento considerado; a partir da composição singular de um agenciamento. Assim, os modelos psicanalíticos (e outros), as multirreferências, as teorias, as técnicas e ferramentas existentes podem ser úteis. Mas sob a condição de permitir saltar para uma atividade que Guattari batizará de metamodelização. A esquizoanálise requer que a própria análise se singularize a cada vez, e que possa ser, também, uma ferramenta para construir um processo de singularização que só ela poderia fazer florescer. "Em meu trabalho não foco a transferência. Meu papel consiste em ajudar o paciente a desenvolver meios de expressão e processos de subjetivação que não existiriam sem o processo analítico", dizia Guattari (1989c, 46). A esquizoanálise é um processo analítico que prescinde de todos os universais. Sua força, seus riscos de queda e sua dificuldade estão aí. Pensar, criar, analisar, sem e, sobretudo, contra os universais.

2.2 – Pragmática como improvisação semiótica da política

Inicialmente, a semiótica pode ser pensada como um regime de signo, um estudo dos regimes de signos, tal como Deleuze e Guattari apresentam em *Mil platôs*.[21] Deleuze e Guattari não elaboram uma definição geral dos signos. Os signos só existem em um agenciamento. Agenciamentos distintos podem fazer com que os signos funcionem de modos igualmente distintos. Ademais, ao isolar certos funcionamentos que fazem com que os signos tenham naturezas diferentes

---

[21] Conferir especialmente Deleuze e Guattari, 1980b.

em realidades diferentes, o intuito de Deleuze e Guattari consiste sempre em pensar as misturas concretas dos regimes de signo em agenciamentos específicos.

Sobre o que são, e as relações que tecem, os regimes de signo, existem muitas sistematizações de Guattari que, como ele mesmo diz, por vezes se transformam ao longo de uma mesma obra (é o caso de *A revolução molecular*). Pode ocorrer, por exemplo, que um regime passe a ser um componente de outro regime de signo. Há análises, inclusive, que qualificam de semiótico apenas o regime que será chamado de "a-significante", os outros sendo chamados de semiológicos. Há, ainda, uma proliferação de nomeações (regime significante, regime pré-significante, regime pós-significante, regime contrassignificante, regime simbólico, regime natural, etc.). Essa multivalência só ratifica a posição de Guattari de que os regimes de signo coexistem perpetuamente e que, inclusive, alguns têm sua unidade através de uma "semiótica mista".

O que caracteriza a atividade da pragmática já se insinua. Em primeiro lugar, uma compreensão das misturas, da separação, das sobredeterminações, dos funcionamentos dos signos segundo uma formação de poder. Em segundo, uma avaliação do funcionamento dos signos em uma situação considerada a partir daquilo que foge à semiótica, a linha de fuga dos regimes de signo e que foi batizada, por Guattari, de *a-significante*. Fugir, aqui, tem um sentido preciso, aquele próprio das linhas de fuga. Portanto, o que é *a-significante* não é exterior à semiótica, não é uma fuga do mundo dos signos. Nem algo que pertence ao mundo dos signos e que, de algum modo, em algum momento, deixa de pertencer. Algo que teria saído. É, precisamente, aquilo que faz os regimes de signo fugirem. É um modo de colocar os regimes de signo na encruzilhada práxica, na problemática da recomposição existencial. O *a-significante*, assim, confronta-se sobretudo com aqueles regimes de signo que reduzem a complexidade dos signos à língua, à linguagem. O *a-significante* é um modo de analisar, pensar, perceber, o que, de não-discursivo, de pático e existencial, se manifesta no discurso enquanto tal. Não aquilo que o discurso – e toda a linguagem – esconde e que é de ordem diferente dele mesmo. Mas o discurso, a linguagem, a fala, enquanto tal, em ato, sob a perspectiva de sua função existencial.

Um primeiro movimento da pragmática consiste, então, em marcar a relação desses regimes com formações de poder específicas, com modos de existência coletivos, com condições técnicas e teóricas qualificadas. Assim, mesmo parecendo ser relativamente fácil de constatar quando compreendida como um contexto, essa exterioridade a toda instituição do signo é o principal efeito desse primeiro movimento da pragmática. A pragmática implica o pertencimento, de direito, de tal exterioridade ao campo semiótico.

Para a pragmática, devemos nos reportar ao mesmo procedimento micropolítico: que meio será posto na encruzilhada da práxis de construção existencial de onde emergirá a pragmática? Esse meio é a semiótica, o regime dos signos. O que é a semiótica? Existem duas grandes elaborações possíveis: uma, seria aquela que apresentaria a semiótica antes da sua recomposição possibilitada pela improvisação da pragmática. Ou seja, seria aquela em que os signos são essencialmente definidos por um regime específico (significante, por exemplo). A outra elaboração, simplesmente, consiste em uma caracterização que tomaria a semiótica após a improvisação ou, mais precisamente, no ato de sua improvisação. E o ato dessa improvisação faz surgir uma posição ativa de Guattari diante da semiótica, a qual, justamente, é intitulada pragmática micropolítica ou apenas pragmática. Para Guattari, com o modo de agir e pensar dessa perspectiva, um novo meio é ativado. O que seria o primeiro meio, anterior à improvisação, é singularizado como um componente aliado a outro componente, onde está o coração da pragmática e da singularização da própria semiótica.

Segundo as expressões de Guattari (1979a, 213), estes são os dois componentes que constituem a pragmática, por um lado, generativa, por outro, transformacional (interpretativa e não-interpretativa):

> [...] a pragmática seria assim dividida em dois componentes – e não duas regiões, tendo em vista que esses componentes se recomporão constantemente. Uma pragmática generativa correspondendo aos modos de "linguistização" das semióticas. E uma pragmática transformacional, não linguística, não significante.

E Guattari está pensando estes termos – generativo e transformacional – em relação a Chomsky. Entretanto, faz questão de marcar:

> [...] evidentemente não emprego aqui as expressões "componentes generativos" e "componentes transformacionais" no mesmo sentido que os chomskyanos! Segundo estes últimos, a capacidade geradora de um sistema diz respeito a um axioma lógico-matemático, enquanto eu considero que as exigências geradoras (de uma língua ou dialeto) são sempre intrinsecamente ligadas à existência de uma formação de poder. O mesmo vale para a noção de transformação. Os chomskyanos a concebem de modo idêntico ao das transformações algébricas ou geométricas (dir-se-á, por exemplo,

das transformações de uma equação, que elas modificam sua forma, conservando presente sua economia "profunda" das relações). Utilizarei esta palavra num sentido que poderia ser aproximado daquele que, na história das teorias da evolução, conduziu a opor o transformismo (ou o mutacionismo) ao fixismo. Ver-se-á, com efeito, que entra só uma parte muito pequena de derrisão e de provocação neste emprego "abusivo" das categorias chomskyanas, na medida em que me serviram de guia ao contrário (Guattari, 1979, 20).

O objetivo é, portanto, abrir e intensificar a perspectiva de uma consideração dos signos que não passa pelo domínio da linguagem e, sobretudo, da língua, tal como na perspectiva saussuriana. Se a semiótica pode ser definida, de maneira muito ampla, como o estudo ou análise dos regimes de signo, essa definição só pode funcionar a partir da consideração de que a noção de signo aí considerada não é aquela, quase sempre tomada como partida, celebremente estabelecida por Saussure. O signo não está condenado a permanecer na dependência de uma análise linguística. O ponto de Guattari é, justamente, afirmar que existem regimes de signo, regimes semióticos, onde o signo pode ser agenciado, composto, pode ganhar uma consistência, por outras vias. Não é que a perspectiva significante, da linguística estruturalista, por exemplo, ou, mais abrangente, da semiologia de Saussure, ambas conformando o modo de existência dos signos às leis da linguagem e da língua, sejam falsas, estejam erradas. Elas aparecerão, para Guattari, apenas como um regime de signo específico: o mais pobre, disseminado e perigoso, uma vez que procede através da neutralização da polivocidade e da multiplicidade dos modos de existência que os signos podem encarnar, neutralização que se dá por meio de uma operação de redundância do signo às normas das línguas e, sobretudo, às cadeias significantes. O efeito (ou a causa, talvez) é que tal perspectiva se autopromoverá como sendo o único regime de signo possível (não sendo um regime, um funcionamento, portanto). Em outras palavras, não há semiótica possível se se permanece no interior dessa posição.

É desse modo que, em vez de invocar a semiologia de Saussure, a título de circunscrição do campo que se interessa, Guattari prefere posicionar a sua herança – mesmo sob o risco de introduzi-la em uma brutal improvisação que a descaracterizaria por completo – em relação a outro pensador, Peirce, que elaborava a semiótica mais ou menos ao mesmo tempo que Saussure formulava os princípios da semiologia.

> Ao contrário da decisão histórica da "Associação Internacional de Semiótica", proponho, com a mesma arbitrariedade, manter uma distinção (e mesmo reforçá-la) entre: a semiologia, como disciplina translinguística, que examina os sistemas de signos em relação às leis da linguagem (perspectiva de Roland Barthes [Barthes e Saussure]); a semiótica, como disciplina que se propõe estudar os sistemas de signos segundo um método que não depende da linguística (perspectivas de Charles Sanders Peirce) (Guattari, 1979, 20).

Estamos diante da mesma situação da esquizoanálise. Os precursores de Guattari não são nunca aqueles posicionados no interior da herança que, no entanto, ele recebe: tal como os esquizos, Artaud, Joyce, Kafka ou Proust em relação a Freud. E o problema que ele faz tal herança enfrentar nunca é o já aplainado por ela, portanto já descaracterizado como problema: à psicanálise, Guattari coloca o problema de uma política da análise. E a política dos signos? A política da língua? Só se pôde chegar até Peirce (ou a Hjelmslev, linguista que Guattari valorizava enormemente) pela passagem no túnel de realidade daqueles que abordam os signos por meio de uma potência de criação. Fala-se aí do uso da língua e dos signos que as minorias e os criadores de toda espécie fazem, isto é, a partir dos devires-minoritários que criam diante de todo modelo ou padrão majoritário de uso dos signos. É o tema de uma língua menor – tal como em Proust e Kafka, analisados por Guattari – e toda criação literária e artística de um modo geral. É também o caso das minorias de todo tipo, nos seus devires-minoritários, como no *black english* (Deleuze e Guattari, 1980b).

A pragmática micropolítica começa quando os signos, e necessariamente a linguagem, a linguística e a língua que sobre ele querem se impor, são politizadas, isto é, quando são colocadas na encruzilhada existencial. Desse ponto de vista, tanto Saussure como Peirce parecem, no mínimo, evasivos. "A primeira das violências políticas reside nessa operação de esquadriamento das multiplicidades intensivas. A relação de convenção (para Peirce) ou de arbitrário (para Saussure) entre o significante e o significado não é, no fundo, senão a expressão de um poder por meio dos signos", diz Guattari (2012, 418), em *A revolução molecular*; e pormenoriza, o "arbitrário da operação de conjunção significante, que descrevem os linguistas entre isso o que eles chamam o significante e o significado é, na realidade, um arbitrário político" (213),

> [A] significação é sempre o encontro entre a formalização por um campo social dado de sistemas de valores, de sistemas de tradutibilidades, de regras de conduta, e de uma máquina de expressão que ela mesma não tem sentido, que é, diremos, *a-significante*, que autonomiza as condutas, as interpretações, as respostas desejadas pelo sistema (210).

Ora, a significação, isto é, a própria constituição do signo segundo a tradição semiológica, é uma operação de poder que reterritorializa continuamente a relação entre entidades muito heterogêneas sob um mesmo modo de relação. Elas só podem se relacionar em uma direção. Não há conexão, portanto, do ponto de vista de Guattari, pois conexão, sob o plano de transversalidade, implica a realização de encontros em infinitos sentidos e direções. Assim, a significação exerce um controle quando "cola", por exemplo, uma determinada "imagem acústica" em um "conceito" e vice-versa (pressuposição recíproca).

Mesmo tal tradição, ao menos nas suas bases saussurianas, parece ter pretendido deixar a realidade material de fora, isto é, o "referente". É difícil imaginar como a constituição do signo não trabalhará, não disporá, não incitará – para não dizer exigir, impor ou interpelar – a realidade, as coisas, a tomarem tal ou tal estatuto existencial. É essa produção de realidade que Guattari chama de a-significante e que está, sempre, como interesse e objetivo maior da pragmática, no processo de formação de poder através da significação, da formulação dos signos.

> A significação, é sempre a conjunção de um certo tipo de máquina a-significante e da estratificação dos poderes que secretam os regulamentos, as leis, as redundâncias, os condicionamentos. A significação é essa conjunção, esse ir e vir entre esses diversos sistemas de formalização. É o que liga as matérias de expressão a-significante à substância do conteúdo significado, é a existência de uma máquina de formalização comum (2012, 213).

A tarefa da pragmática não se assemelhará a uma liberação dessa máquina a-significante, como se ela representasse algum tipo de pureza alienada e limitada em sua expressão pelas estruturas de poder. As máquinas a-significantes não são "boas", opostas às malvadas máquinas significantes. São funcionamentos dos signos que podem produzir realidade e dispensam, por isso, o jogo linguístico comum que remete o signo a um referente determinado – tal como pode ocorrer nas máquinas capitalistas por onde são manejados os fluxos monetários. O importante, e o que gostaria de ressaltar, é que, mesmo a suposta denotação, em que o signo apenas representaria essa realidade a ele externa é, para Guattari (1973, 5), já uma conotação: a "denotação é ela mesma a primeira das conotações. É uma conotação onde se põe uma espécie de existência sobre o objeto denotado, uma conotação da realidade dominante".

A pragmática, nesse sentido, não pode ser reduzida a um estudo dos signos do ponto de vista de sua real utilização, dado um contexto. A pragmática de Guattari toma, não o Real, mas a criação do real, a existência, como aquilo que é imanente ao signo e do qual ele não se separa, em nenhuma de suas faces ou direções. A criação do real é imanente e inseparável do signo naquilo que há nele de imaterial – como o sentido – e naquilo que, vinculado ao signo, aparece, aí sim, na realidade, como objetos, corpos e substâncias materiais.

> A pragmática deixa de ser uma "cloaca", as determinações pragmáticas deixam de estar submetidas à alternativa: ou se voltar para o exterior da linguagem, ou responder a condições explícitas sob as quais elas são sintaxizadas e semantizadas; a pragmática se torna, ao contrário, o pressuposto de todas as outras dimensões, e se insinua por toda parte[.] A pragmática

é uma política da língua[.] Se se objeta que essas particularidades remetem à política e não à linguística, é necessário observar até que ponto a política trabalha a língua de dentro, fazendo variar não apenas o léxico, mas a estrutura e todos os elementos de frases, ao mesmo tempo em que as palavras de ordem mudam (Deleuze e Guattari, 1980b, 14 e 22-23).

Se a pragmática tem tanta necessidade da noção de agenciamento é porque ela jamais pode ser equivalente à noção de contexto. "Dado um agenciamento" não significa "dado um contexto", onde exporíamos que tipo de particularidade ou variação faz um mesmo signo, sob leis relacionais invariantes ou uma mesma significação, se comportar deste ou daquele jeito. É o agenciamento, e pelo agenciamento que os regimes semióticos se constituem, é neles que uma certa divisão entre enunciados e corpos pode ser relativamente feita, na medida que não se perde de vista, digamos assim, o coração do agenciamento, a própria criação existencial que, considerada no seu nível, não faz distinção entre signos e partículas, e, como dizem Deleuze e Guattari, só conhece "partignos". Essa dimensão de criação é, precisamente, o que Guattari (e Deleuze) chama de máquina abstrata. A pragmática aparece, assim, como um modo de considerar, não o isolamento nem a aplicação dos signos ou enunciados sobre a realidade, mas a existência em vias de criar agenciamentos onde, em uma face, é agenciamento coletivo de enunciação e, em outra, é agenciamento maquínico dos corpos, tal como a formalização de *Mil platôs*.

A semiótica a-significante é o regime dos signos nessa máquina abstrata cuja natureza é diagramática. Entendendo por diagrama o arranjo de conexões que a máquina abstrata torna possível e é capaz de suportar.

E é acerca da máquina abstrata que se deve dizer: ela é necessariamente muito mais que a linguagem[.] Opera por matéria, e não por substância; por função, e não por forma. As substâncias, as formas, são de expressão "ou" de conteúdo. Mas as funções não estão já formadas "semioticamente", e as matérias não estão ainda "fisicamente" formadas. A máquina abstrata é a pura Função-Matéria – o diagrama, independente das formas e das substâncias, das expressões e dos conteúdos que irá repartir[.] Isto ocorre porque uma máquina abstrata ou diagramática não funciona para representar, mesmo algo de real, mas constrói um real por vir, um novo tipo de realidade. Ela não está, pois, fora da história, mas sempre "antes" da história, a cada momento em que constitui pontos de criação ou de potencialidade. Tudo foge, tudo cria, mas jamais sozinho (Deleuze e Guattari, 1980b, 98-100).

Em relação aos dois componentes iniciais da pragmática, o generativo e o transformacional, devemos acrescentar outros dois elementos, ambos oriundos da ideia de máquina abstrata, que ora são postos por Guattari no interior do componente transformacional (1979, 19), ora formam mais dois componentes da pragmática (Deleuze e Guattari, 1980b, 104). Em todo caso, esses dois componentes dizem respeito ao modo como a pragmática não só introduz a criação existencial a-significante no domínio dos signos, mas também como se materializa como uma importante ferramenta para pensar o processo diagramático da máquina abstrata: tudo aquilo que se desterritorializa das significações dominantes. É aí que é possível captar a consistência para produzir novos agenciamentos um pouco menos estratificados ou, para dizer num vocabulário que só surgirá mais tarde no pensamento de Guattari: novos territórios existenciais. (Expressão que se revela extremamente frutífera, pois não diz respeito tanto a uma "nova estratificação", como se tudo aquilo que foge e cria estivesse destinado – o que não implica que o contrário seja uma certeza – a estabelecer novas formações de poder.)

Em todo caso, como funciona tal regime semiótico? A pragmática está à procura das semióticas a-significantes. A pragmática despreza a prioridade dos outros regimes, por isso só chega até eles por aquilo que lhes escapa e que chega a fugir de toda e qualquer semiótica. É o ponto paradoxal que constitui a semiótica a-significante. Mas é em relação a uma espécie de prova que esse regime inventa que se pode concebê-lo como algo transversal em relação aos outros.

Para construir essa prova, Guattari parte de um retorno – para fazer um desvio, como ele escreve (1979, 38) – a Hjelmslev. Esse, em vez de falar em significante e significado, proporá as noções de expressão e conteúdo. Essas noções não deveriam significar simples equivalentes da divisão saussuriana, uma vez que são cortadas por dois planos: substância e forma. Assim, a expressão não se assemelha a uma forma cujo conteúdo seria a substância. A expressão tem sua forma e sua substância: forma de expressão e substância de expressão. O mesmo para o conteúdo, que não traduz o significado, tendo tanto sua forma (forma de conteúdo) quanto sua substância (substância de conteúdo).

Mas Hjelmslev fala ainda de um terceiro plano que corta o par expressão-conteúdo, constituindo, respectivamente, uma matéria de expressão e uma matéria de conteúdo. Ora, é em relação a esse terceiro plano que Guattari cria uma distinção, a partir dessa categorização de Hjelmslev, que torna possível o surgimento de uma semiótica não-significante. A semiologia significante existe apenas no cruzamento entre expressão e conteúdo com a forma e a substância, enquanto a semiótica não-significante dirá respeito ao plano da matéria. O que faz com que Guattari aprofunde essa distinção entre matéria, de um lado, expressão e conteúdo de outro? É que a matéria designa um domínio em vias de se formar e se substancializar. De outro modo, a expressão e o conteúdo só aparecem quando se consideram substâncias já formadas. A distinção passa entre, por um lado, as "matérias não semioticamente formadas" e as "substâncias semioticamente formadas". Guattari (1979, 39) vai, então, dizer que

> […] isto deveria conduzir-nos, naturalmente, a só encarar a existência de formas enquanto estas estão manifestas, postas em ato, por substâncias particulares. Este ponto é primordial porque, como procurarei mostrar, é somente a partir de agenciamentos semióticos não-linguísticos ou linguísticos não-significantes, que tais substâncias podem ser produzidas. Dito de outro modo, "antes" da constituição das redundâncias significativas e sem que se possa conferir a estas últimas um estatuto prioritário ou hierarquicamente superior face a outras produções semióticas (simbólicas, diagramáticas, etc.). É semiotizando as mais diversas matérias básicas que esta solidariedade ou esta congruência das formas – que coincide aqui com o maquinismo abstrato da língua – constitui substâncias de expressão e conteúdo[.] Nenhuma forma poderia subsistir por si mesma independentemente de seu processo de formação.

O objetivo será, então, partir dessa matéria, dessa existência processual em vias de se processualizar. Não haverá, inclusive, inconveniente algum, posteriormente, em admitir uma matéria da expressão e uma matéria do conteúdo, desde que não semioticamente formadas (o que, precisamente, deve-se entender por matéria). Elas estarão no mesmo plano de imanência e de consistência de um processo em que a distinção só pode ser feita pelo grau de desterritorialização em que são afetados. Como escrevia Guattari (2012, 450):

> [...] me parece que os linguistas assimilaram muito rapidamente a distinção de Hjelmslev entre a expressão e o conteúdo com aquela de Saussure entre o significante e o significado. Com efeito, a separação entre as matérias não semioticamente formadas e as substâncias semioticamente formadas, na medida em que ela é estabelecida independente das relações de expressão e do conteúdo, abre a via do estudo de semióticas independentes das semiologias significantes, isto é, de semióticas que, precisamente, não estariam fundadas na bipolaridade significante-significado.

A pragmática a-significante tem por função tomar os regimes de signo na sua dimensão processual, no seu em vias de. Em *Cartographies schizoanalytiques*, os signos-partículas, fluxos a-significantes, são sinapses da cotidianidade, estão ao alcance das mãos, ainda que estejam ordinariamente dados no mundo. Guattari afirmou que, quando criados e descobertos, esses fluxos a-significantes promovem uma

> [...] fractalização sináptica tópica produzindo novos procedimentos de subjetivação, totalmente inventados. Uma matéria de expressão se encontrará por ela invadida, estará possuída por uma subjetividade enunciadora. A imagem que me vem ao espírito é aquela dos brinquedos e utensílios diversos que começam a vibrar com a passagem dos extraterrestres no filme *E.T.* de Spielberg (Guattari, 1989a, 229).

As próprias sinapses são a-significantes, já que formam esses signos-partículas por uma intrusão de constelações de universos nos fluxos estratificados da cotidianidade. Ora, é essa ruptura a-significante que está no coração de toda discursividade e que não se confunde com ela. E que não pode acompanhar, com a certeza de ser descaracterizada, nenhum tipo de discursividade sob o viés da linearidade, da referência extrínseca e da memória acumulativa. Ainda que a dimensão da discursividade sobressaia, a função existencial que lhe acompanha jamais morre. No entanto, tudo muda com a presença real de fluxos de signos-partículas dessa ruptura significante. Isto é, quando eles, enquanto tais, passam para o primeiro plano em uma relação com a discursividade, que se apresenta, agora ela, sob uma forma fraca. Nas palavras de Guattari (1989a, 219):

> [...] passado esse limite, as sinapses a-significantes, ao mesmo tempo irreversibilizantes, singularizantes, heterogeneizantes e necessitantes, nos fazem deixar o mundo das memórias de redundâncias das coordenadas extrínsecas, para nos fazer entrar nos Universos de pura iteração intensiva, sem memória discursiva, tendo em vista que sua existência, enquanto tal, cumpre essa função. Pode-se, assim, considerar as sinapses como operadores de um "esquecimento ativo", eterno retorno existencializante.

2.3 – Ecosofia como uma improvisação ecológica da política

Guattari lançou, no ano de 1989, em *As três ecologias,* a ideia de uma ecosofia – uma espécie de práxis de recomposição que retoma outras improvisações (do ponto de vista extensivo

– cronológico – intensivo). A preocupação principal da ecosofia reside naquilo que Guattari chamou de territórios existenciais. É ele que estaria no núcleo do "objeto ecosófico". Nas palavras de Guattari (2013, 73), o que "melhor caracteriza o objeto ecosófico é o que eu chamo de territórios existenciais".
Esse objeto foi caracterizado, em uma entrevista de Guattari (2013, 337), de 1992, a partir da "ideia de que é preciso refundar a política sobre bases totalmente novas". Trata-se de um objeto político que apela para uma "refundação das práxis políticas" (1992, 167).
A ecosofia surge, assim, como mais uma improvisação da política. E o que é a ecosofia senão uma "ecologia da repetição", "ecologia dos ritornelos existenciais", "ecologia da retomada" ou, como Guattari disse em *As três ecologias* (1989b, 51), uma "ecologia da ressingularização"? É necessário, portanto, dar a devida atenção a este curto texto de Guattari, *As três ecologias*, enquanto um manifesto da ecosofia que relança e recompõe as densas sobreposições de encruzilhadas contidas em *Cartographies schizoanalytiques*. Nele, Guattari (1989b, 36-37) escreveu:

> Em minha opinião, a ecologia ambiental, tal como existe hoje, não fez senão iniciar e prefigurar a ecologia generalizada que aqui preconizo e que terá por finalidade descentrar radicalmente as lutas sociais e as maneiras de assumir a própria psiquê. Os movimentos ecológicos atuais têm certamente muitos méritos mas, penso que na verdade, a questão ecosófica global é importante demais para ser deixada a algumas de suas correntes arcaizantes e folclorizantes, que às vezes optam deliberadamente por recusar todo e qualquer engajamento político em grande escala. A conotação da ecologia deveria deixar de ser vinculada à imagem de uma

pequena minoria de amantes da natureza ou de especialistas diplomados. Ela põe em causa o conjunto da subjetividade e das formações de poder capitalísticos – os quais não estão de modo algum seguros que continuarão a vencê-la, como foi o caso na última década.

O que acontece quando a ecologia é lançada na encruzilhada da práxis de construção existencial? O que ocorre quando a política (e a micropolítica) são contaminadas por uma ecologia já sob os efeitos de uma atração em relação à micropolítica, portanto uma ecologia em vias de se heterogeneizar? É aí que a ecologia se decompõe em três ecologias para se recompor como ecosofia – ecologia social, ecologia mental e ecologia ambiental. Guattari desterritorializa o objeto da ecologia ambiental, a "natureza", com seus paradigmas de preservação ou conservação, para outro tipo de objetos e com outra finalidade. Os objetos são as "espécies existenciais". A finalidade é a recriação dessas espécies, infletida por uma práxis de colorações distintas, segundo o agenciamento em que se está inserida:

> [...] O que me conduz a falar de uma ecosofia que teria por perspectiva jamais tomar como separadas as dimensões materiais e axiológicas dos problemas considerados. Seria preciso levar em conta hoje, por exemplo, que não são apenas as espécies animais e vegetais, as paisagens naturais, que estão ameaçadas, mas espécies culturais, como o cinema de autor, espécies morais, como os valores de solidariedade e de internacionalismo e, mais fundamentalmente, "espécies existenciais", como a propensão a amar a diferença, mas não apenas, correlativamente também, um gosto da vida, da iniciativa, da criatividade (Guattari, 2013, 540).

As espécies existenciais se manifestam através das espécies sociais, mentais, espirituais, ambientais, etc. São movimentos, mais do que entidades constituídas, que estão em vias de serem extintos. São movimentos que se insinuam em modos de sentir o mundo, em relações interpessoais. São povos, são valores de autorreferência cujo modo de existência não cabe ou não deve caber no mundo da devastação capitalística. As espécies existenciais são espécies virtuais. Há uma ecologia do virtual que anima toda a ecosofia. Essa ecologia não é sinônimo daquilo que Guattari chama de ecologia incorporal, extremamente importante, que consiste em tomar partido, diante da devastação, dos modos de expressão, dos sentidos em dissenso e dos não-sentidos, tomar partido de todo tipo de regime a-significante do signo, de toda pluralidade dos universos de valores, de todo campo de valores heterogenéticos que compõem as vias de autorreferências de territórios existenciais. A ecologia do virtual, motor da ecosofia, é uma ecologia que pretende criar e cuidar da potência de recriação que há naquilo ameaçado de extinção. Pois, naquilo ameaçado de extinção, há sempre outra coisa ameaçada, coexistente, que são essas "espécies existenciais". Espécies que não param de dar testemunho de uma vida que resiste à seleção natural capitalística, dos mercados, da polícia, dos modos de segregação ou, muito simplesmente, da tristeza e da indiferença, e por tal testemunho tornam-se alvo de extinção. Guattari (2013, 61) diz que:

> [...] a partir de empreendimentos fragmentários, de iniciativas por vezes precárias, de experimentações tateantes, novos agenciamentos coletivos de enunciação começam a se buscar; outras maneiras de ver e de fazer o mundo, outras maneiras de ser e de trazer à luz do dia modalidades de ser virão

a se abrir e se irrigar, se enriquecer umas às outras. Trata-se menos de aceder às esferas cognitivas inéditas do que apreender e criar, sob modos páticos, virtualidades existenciais mutantes. Nesse sentido, toda ecologia do virtual se encontra aqui colocada em questão, uma ecosofia que entrelaça no mesmo engajamento ético-político nossa responsabilidade diante das formas vivas já aí e diante das formas por vir que batem a porta da inteligência e da imaginação coletivas.

E qual sentido poderia ter "preservação" e "conservação" das espécies existenciais senão, como tanto insiste Guattari, a um só tempo, um movimento de recriação existencial que passa por uma criação e pelos modos – igualmente criados – de cuidar dessa criação? Eis a razão da ecosofia ser, ao mesmo tempo, política, ética e estética. É preciso, como escreveu Guattari (1992, 185), para "as explorações caósmicas de uma ecosofia [...] estabelecer as junções transversais entre a política, a ética e a estética".

É curioso que, talvez, nenhuma outra improvisação da política tenha se aproximado tanto de uma conexão entre todas as outras improvisações. É desse modo que é possível considerar a ecosofia – justamente por fazer parte do momento no qual, em sua obra, Guattari constrói um paradigma da recomposição e da reafirmação, o paradigma estético – como uma reafirmação do tema da política da existência, da micropolítica. Em um de seus últimos textos, presente em *Caosmose*, intitulado "O objeto ecosófico", Guattari, por vezes, toma a ecosofia como sinônimo da esquizoanálise. Poderíamos considerar, inclusive, como as três ecologias articulam campos que sua práxis processual (entre a vida e a obra) não cansou de atravessar: aquele da ecologia mental, por meio da análise institucional, da prática psicanalítica e da análise de um modo restrito; aquele da ecologia social, por meio, não só da filosofia política que desenvolveu, mas também de toda sua temática de renovação das práticas sociais, de modos de engajamento, sua militância em diversos grupos; e, a partir de então, aquele da ecologia ambiental, por meio da própria proposição da ecosofia e da militância junto aos ecologistas. Eis a amplitude, retrospectiva e, sobretudo, direcionada para o futuro, que tem a ecosofia: "uma ecologia futurista, inteiramente mobilizada para a criação" (Guattari, 2013, 531), para um futuro que não é, em primeiro lugar, aquele dos nossos filhos e netos, mas da própria potência recriadora das espécies existenciais.

> Uma tal refundação ecosófica das práticas estará nos níveis mais cotidianos, pessoais, familiares, de vizinhança, até os impasses geopolíticos e ecológicos planetários. Recolocará em causa a separação entre o civil e o público, a ética e a política. Invocará a recaracterização dos agenciamentos coletivos de enunciação, de concertação e efetuação. Conduzirá, não apenas a uma mudança de vida segundo a via da contracultura dos anos sessenta, mas também os modos de fazer o urbanismo, a educação, a psiquiatria, a política e a maneira de gerir as relações internacionais (idem, 40).

Guattari estendeu ainda mais os efeitos transversalistas da ecosofia. Inclusive ao problema que o acompanha desde *Psicanálise e transversalidade*, onde estão seus primeiros textos. Como frisado por Deleuze em seu prefácio ao livro mencionado, é o problema do modo de conexão dos movimentos, das situações, das lutas engajadas como tais. A ecosofia injeta novos elementos para pensar a resistência política engajada e para dar consistência ao problema revolucionário. Com tal injeção ecosófica, pode-se perguntar: como escapar do espontaneísmo, do isolamento das lutas pontuais, específicas, locais e do centralismo, das unificações homogeneizantes, das pretensões universalistas de organização e, assim, privilegiar uma extensa gama de alianças? Pergunta necessária, pois

> [No] seio dessas novas alianças, a parte invisível bem mais considerável do iceberg das formações existenciais inconscientes traz problemáticas muito diferentes. Os operários da cidade, os técnicos, os pesquisadores, os camponeses, os movimentos negros, ameríndios, o movimento das mulheres e a ecologia ambiental constituem ângulos de vista heterogêneos. A questão ecosófica que interpela cada um desses componentes não consiste unicamente em encontrar pontos de acordo sob objetivos comuns, mas, mais fundamentalmente, coloca em marcha procedimentos de conhecimentos mútuos, de troca, de concertação, de pesquisa, que permitem um enriquecimento geral (Guattari, 2013, 410).

Como se pode, no entanto, tirar tantas implicações a partir da ecologia? Tantas ramificações não seriam uma desconfiguração, a ponto de perder de vista a própria ecologia, a ecologia ambiental? O fato é que mesmo a Ecologia, tornada *uma* ecologia, tem o seu objeto desterritorializado. As três ecologias que constituem a ecosofia não significam uma soma de três unidades, um simples agrupamento. As três ecologias, ao se conectarem, são requalificadas, recompostas. Em vez do meio ambiente, natural, por exemplo, a ecologia ambiental terá por função recriar uma natureza em conexão direta com toda criação tipicamente relegada ao domínio "artificial". Como as tecnologias, por exemplo. O que faz de Guattari um ferrenho adversário das concepções ecologistas tecnófobas por preconizarem um retorno a uma pureza e a uma humanidade holisticamente fundida em uma boa natureza. Porém, a tecnologia não aparece como aquilo que pode salvar a natureza. Se Guattari não é um tecnofóbico, também não é um tecnofílico. E isso porque considera, por um lado, a natureza de um ponto de vista desterritorializado, como atividade de produção de artificialidades, e, por outro, a tecnologia como uma natureza dada, politicamente incrustada à existência, isto é, no nível ontológico e não "cultural", em relação à humanidade. Eis por que Guattari (1989b, 52-53) prefere chamar tal ecologia ambiental também de ecologia maquínica:

> [P]oderíamos perfeitamente requalificar a ecologia ambiental de ecologia maquínica já que, tanto do lado do cosmo quanto das práxis humanas, a questão é sempre a de máquinas – e eu ousaria até dizer de máquinas de guerra. Desde sempre a "natureza" esteve em guerra contra a vida! Mas a aceleração dos "progressos" técnico-científicos conjugada ao enorme crescimento demográfico faz com que se deva empreender, sem tardar, uma espécie de corrida para dominar a mecanosfera.

Desse modo, o maquínico não serve apenas para indicar a presença das máquinas técnicas, mas torna pensável o processo de dupla desterritorialização da natureza e do artificial em direção a um agenciamento em que a própria distinção entre natureza e artificialidade-tecnologia – a cortina de ferro ontológica como Guattari repete – não faz sentido. Isso não significa, contudo, que seja uma perspectiva desenvolvida com o intuito de esclarecer as pessoas e fazer de conta – a despeito de todo agenciamento concreto – que a natureza não recebe a consistência exclusivamente natural (a ecosofia carrega uma potência ecológica que não está fundada na distinção entre natureza e cultura e muito menos em sua superação). A questão é, muito mais, a de suscitar uma práxis na qual, variando segundo o modo como se concebe e se fabrica ontologicamente a natureza, a partir da heterogeneidade dessas variações, o meio ambiente jamais possa surgir isolado, ou surgir desprovido de conexões com elementos heterogêneos tidos como não-naturais. Outro sentido para maquínico é que essa ecologia ambiental se tornará consistente apenas enquanto está conectada com realidade e ecologias radicalmente díspares. Eis o motivo dessa ecosofia de Guattari ter se transformado, ela mesma, em uma verdadeira "espécie existencial" sob risco de extinção. Uma espécie que precisa ser recriada diante da devastação causada por uma ecologia do tipo fim do mundo.

A natureza, em uma ecologia do tipo fim de mundo – a despeito das manobras retóricas em que pode se esconder, por exemplo, "reconhecendo" que a Civilização ocidental, o Homem, a Modernidade, o Capitalismo (mais raramente citado e considerado) foi quem produziu as condições do fim do mundo próximo –, aparece isolada, num mundo pobremente equivalente ao globo terrestre. É, de fato, preciso muito cinismo para articular uma ecologia sob a égide de um paradigma científico, como notou o Comitê Invisível (2016, 36) de modo muito perspicaz:

> [...] no ápice de sua demência, o Homem se autoproclamou como "força geológica"; chegando ao ponto de dar o nome da sua espécie a uma fase da vida do planeta: pôs-se a falar de "antropoceno". Uma última vez, ele se atribuiu o papel principal, mesmo que seja para se incriminar por ter pilhado tudo – os mares e os céus, os solos e os subsolos –, mesmo que seja para admitir sua culpa pela extinção sem precedentes das espécies

vegetais e animais. Mas o que há de mais notável é que o desastre produzido por sua própria relação desastrosa com o mundo é sempre tratado de maneira igualmente desastrosa. Ele calcula a velocidade com que as calotas polares desaparecem. Ele mede o extermínio das formas de vida não humanas.

É inevitável que tal ecologia isolada esteja ancorada em um paradigma científico, isto é, naquilo que atravessa a ciência e a afasta da sua potência de criação e conexão com o não--científico, bloqueando o contato com aquilo que pode alterá-la e colocar-lhe desafios. Lida-se aí com aquilo que Stengers (1997) chamou de práticas modernistas, práticas com a vontade de ser ciência e que não podem prescindir, para se constituir, da negação da potência de agir e pensar de outros, que serão definidos como perdidos, iludidos, arcaicos, que resistem ao progresso. O paradigma científico, que anima a ecologia do tipo fim de mundo, isola os problemas que concernem situações coletivas, transformando os que estão inseridos nessa situação em crianças, que necessitam de um tutor científico, responsabilizando-as pelo que vai mal, promovendo a necessidade de um sacerdote científico que lhes diga o que fazer para serem perdoadas; segregando-as da própria potência de pensar e imaginar que são capazes e que, aliás, poderiam ser capazes em conexão com práticas científicas.

Nessa curiosa ecologia que não leva em conta justamente o *oikos*, o *ecos*, o meio, há uma espécie de "afirmacionismo" que comprova o fim do mundo, a catástrofe e a necessidade da ecologia, única e exclusivamente através das medições científicas. Como se fosse um problema de veracidade, concernente a assegurar a verdade diante do, sem dúvida nefasto e reacionário, negacionismo. Cabe ressaltar que não é o caso de considerar que as práticas científicas sejam uma invenção e uma mentira, impedidas de fazer parte de um agenciamento ecosófico. Não se trata de negar a ciência e, nem mesmo, a veracidade das suas afirmações, mas sim de subtrair o isolamento da ecologia ambiental, reconectá-la com as outras ecologias, de tornar-se ecósofo.

Penso que existe, ainda, uma pequena e importante sutileza na perspectiva ecosófica de Guattari. Pois romper o isolamento não é uma posição abstrata. A ecosofia é uma "sabedoria não contemplativa", como escreve Guattari (2013, 259). Uma "sabedoria do *oikos*", do eco, que não quer ou pretende a uma sabedoria que falta. A ecosofia é uma disciplina dotada de saber, mas um saber engajado no "meio". Desde um meio. O *oikos* é o meio onde se está. Além exigir a consideração de uma singularização, de práticas, teorias, procedimentos, texturas e histórias que são agenciadas nesse meio e por esse meio – por isso a ecosofia é não contemplativa, sempre engajada a partir de um meio – o meio também revela no que consiste essa "sabedoria". Como disse Guattari em algum lugar acerca do sentido deste *oikos*, o objetivo é perceber que "isso que conta, no eco, não são apenas os muros da casa". A reivindicação de um "pensar pelo meio" não deve ser tomada, em hipótese alguma, como estando vinculada a um meio "autossuficiente". Por outro lado, a natureza dessa sabedoria não está em algo que sobrevoa os meios, não é um meio entre os meios. Que alternativa resta para que ela se configure como uma disciplina, uma prática, uma práxis específica? Que consistência pode assumir? Guattari (1993, 31) enuncia:

> Sempre procurei conceber relações de transversalidade entre práticas aparentemente antagônicas: relações de transversalidade entre a psicanálise, a psicoterapia institucional, a ação no campo social, em uma problemática estética. Mas hoje,

face à queda das grandes ideologias – a crise do marxismo, do freudolacanismo, o triunfo do neoliberalismo e do pós-modernismo – mais do que nunca se coloca o problema de uma refundação das práticas: das práticas sociais, estéticas, psicanalíticas, políticas, aquilo que chamo de práticas ecosóficas. A questão não é de se esconder em um ecletismo indiferenciado, mas a de afirmar tanto a singularidade destas práticas, quanto o seu caráter de transversalidade.

Afirmar tanto a singularidade do meio quanto os coeficientes de transversalidades entre os meios. As três ecologias, assim, não poderiam ser pensadas como três grandes passagens entre os meios? Elas próprias aparecendo como meios singulares e, também elas, só sendo apreensíveis em seus movimentos e encontros próprios através desse plano de transversalidade? Ao afirmar que a ecosofia implica uma conexão, pode-se responder sim às duas questões. Mas essa conexão tem uma natureza específica, propriamente transversal. A ecosofia pretende escapar – quando prescinde do isolamento de uma ecologia cujo único *oikos* é o "natural" dotado de uma superioridade hierárquica, vertical – do risco de igualar as três ecologias. Nem a hierarquia vertical de uma ecologia sobre as outras, nem a horizontalidade homogeneizante que faria as ecologias redundarem umas nas outras – além de toda espécie de retroalimentação entre essas duas posições.[22]

Tomemos um exemplo. A ecologia social em relação à ecologia ambiental. É uma relação vertical aquela que preconiza, no seio de um marxismo com pretensão de renovação e que,

---

[22] Sobre a ecologias que animam as perspectivas catastrofistas, do tipo fim do mundo, e as noções de antropoceno e colapso como dispositivos de equivalência, cf. o texto de François Thoreau e Benedikte Zitouni intitulado *Contre l'effondrement: agir pour des milieux vivaces.*

por isso, precisa dar conta dos "novos assuntos", que o problema ecológico deriva do modo e das relações de produção capitalistas. Basta mudar um que mudamos o outro. A ecologia mental, nesse caso, simplesmente nem existe. Ou pode ser mais ou menos reduzida aos problemas de ideologia, igualmente hierarquizados em relação à "ecologia social" dita materialista.

Ou então, há o caso da ecologia ambiental ocupar o topo (ou a base, tanto faz) da hierarquia. Seja para ir na direção de um inconsciente catastrófico, onde nada vale a pena ser feito. Seja para ir na direção de um balanço estrutural que determinará o que é universalmente prioritário: tentativa de redução do aquecimento global, da poluição etc. Afinal, de que adiantaria mudar os modos de ser que concernem à ecologia social e mental se tudo necessariamente irá pelos ares com a impossibilidade da vida na Terra? Os ecologistas do tipo fim do mundo, assim, uns mais, outros menos explícitos, sempre recaem neste, segundo a expressão de Guattari, "complexo de infraestrutura" (Guattari e Rolnik, 2005, 256).

Seria ainda possível considerar todos aqueles, menos localizados, mais fragmentados, e, no entanto, numerosos – tais como educadores, cidadãos responsáveis, consumidores conscientes, etc. – que elencam uma suposta ecologia mental, reduzida à individualidade, para promover a teoria de que é por uma mudança das mentalidades, antes de mais nada, que tudo poderá mudar. "Cada um faz a sua parte", chegando no máximo da formação de um estilo de vida "sustentável" e "correto".

Mas não resumamos essas operações a simples equívocos estratégicos. Eles têm efeitos imediatos que contribuem para a extinção de espécies existenciais que poderiam ser consideradas como estando circunscritas às ecologias tidas como inferiores, hierarquizadas. É o caso de muitas posições de cunho marxista ao desvalorizar as revoluções moleculares desencadeadas pelos movimentos minoritários. Assim como o caso dos ecologistas vegetarianos que, segundo seus princípios universais de defesa da vida animal, contribuem para destruição de um território existencial inteiro: caso do apoio a legislações que proíbem o sacrifício animal em religiões de matriz africana, que os tornaram aliados da "bancada evangélica" que encabeça o movimento.[23]

Muitos exemplos poderiam ser dados. Mas, também, é oportuno dizer que a saída de tal perspectiva não é simples. Portanto, não seria realizada através de uma apologia abstrata da igualdade entre as três ecologias. Uma horizontalidade homogeneizante que, por sua vez, perde, não só as asperezas das práticas e dos meios que nelas estão presentes, quanto -- justamente por isso – perde a prioridade que uma ou outra precisa assumir, segundo Guattari, diante de uma luta singular e vital. Por isso, na ecosofia – na reunião dessas três ecologias ou de tantas outras que se for capaz de inventar, sempre direcionadas para dar foco em aspectos presentes nas três ecologias ou na descoberta de novos domínios onde também se movimentam "espécies existenciais", não imaginadas pela ecosofia de Guattari (ele mesmo falou de uma ecologia científica, ecologias urbanas, ecologias dos *mass-media*, ecologia econômica, que ora parecem ser autônomas, ora estão na dependência das três ecologias – é preciso sempre ter em vista o exercício de "aprender a pensar transversalmente".

---

[23] cf. "Das oferendas nas religiões de matriz africana", em *Do outro lado do tempo: sobre religiões de matriz africana*, de Marcio Goldman.

Um pensamento que toma como mais importante o objeto transversal que são as "espécies existenciais". Um pensamento cuja transversalidade diz respeito à natureza do encontro entre as três ecologias:

> Menos que nunca a natureza pode ser separada da cultura, e precisamos aprender a pensar "transversalmente" as interações entre ecossistemas, mecanosfera e Universos de referência sociais e individuais. Tanto quanto algas mutantes e monstruosas invadem as águas de Veneza, as telas de televisão estão saturadas de uma população de imagens e de enunciados "degenerados". Uma outra espécie de alga, desta vez relativa à ecologia social, consiste nessa liberdade de proliferação que é consentida a homens como Donald Trump que se apodera de bairros inteiros de Nova Iorque, de Atlantic City, etc., para "revitalizá-los", aumentar os aluguéis e, ao mesmo tempo, rechaçar dezenas de milhares de famílias pobres, cuja maior parte é condenada a se tornar sem-teto, o equivalente dos peixes mortos da ecologia ambiental (Guattari, 1989b, 25-26).

O que é pensar transversalmente as três ecologias? Antes de mais nada, é pensar segundo um sistema de conexão que impõe às entidades conectadas um encontro através de seus elementos mais heterogêneos, como tais, e com a aposta de que aí está uma experimentação interessante. Nenhuma entrada é descartada *a priori*. E só uma práxis analítica pode notar quais entradas e quais pontos de cada entidade devem ser postos em conexão, participando ativamente tanto da singularidade de cada meio quanto da transversalidade do encontro entre os meios.

Assim, como um segundo sentido do que significa "aprender a pensar transversalmente" as três ecologias, há uma outra aposta. A eficácia micropolítica e revolucionária da ecosofia reside em uma espécie de tática pragmática da reversibilidade. Em certos agenciamentos, a ecologia social pode e deve ter o primado, em outros, a ecologia maquínica ou a ecologia mental. Primado não significa infraestrutura, pela simples razão de que o primado é sempre circunstancial, singular: jamais universal, de uma vez por todas. O primado não põe as outras ecologias como iguais e nem, muito menos, como inferiores, em sua dependência. Funciona, ao contrário, como aquilo que só pode se conectar com outras ecologias e meios devido ao fato de partir de uma situação concreta detonada por uma ecologia, por uma problemática. Os componentes de passagem e de encontro não são nunca independentes da singularidade das experiências.

A transversalidade é, ao mesmo tempo, o plano que permite a conexão e a passagem entre as ecologias, e o que permite o sobressalto criador, relativo, de uma em relação à outra. Atingir tal movimento – que sempre está em vias de acontecer e, até mesmo, já aí – configura, na falta de palavra melhor, o objetivo da ecosofia. Quando um meio se torna criador, todos os outros meios podem se tornar práxis de recriação: as três ecologias se unem em um processo singular da subjetividade coletiva. E é com essa aposta que Guattari (1989b, 56) terminava seu manifesto por uma ecosofia:

> [...] a subjetividade, através de chaves transversais, se instaura ao mesmo tempo no mundo do meio ambiente, dos grandes Agenciamentos sociais e institucionais e, simetricamente, no seio das paisagens e dos fantasmas que habitam as mais íntimas esferas do indivíduo. A reconquista de um grau de autonomia

criativa num campo particular invoca outras reconquistas em outros campos. Assim, toda uma catálise da retomada de confiança da humanidade em si mesma está para ser forjada passo a passo e, às vezes, a partir dos meios os mais minúsculos. Tal como esse ensaio que quereria, por pouco que fosse tolher a falta de graça e a passividade ambiente.

E se a defesa das "espécies existenciais" ameaçadas de extinção é indiscernível de uma política existencial ecológica chamada ecosofia, ela também anima, no pensamento de Guattari, uma requalificação do que se pode entender por ética.

2.4 – Ética como uma improvisação ontológica da política

É em relação ao ser que a ética está direcionada. E Guattari forja, não poucas vezes, suas análises nesses termos, pensando no "ser". Em uma das suas últimas entrevistas, afirmou (1992b):

> […] o porvir de todas as espécies animais. O porvir da biosfera. O porvir das espécies incorporais. Eu diria mesmo o porvir do ser. O ser não é um dom de Deus. O ser é produzido pelo enunciador, que hoje é coletivo, que é essa mistura de máquinas individuais, de máquinas coletivas, de máquinas tecnológicas, de máquinas científicas. É toda essa espécie de rizoma maquínico que produz o ser […].

Ora, o ser, para Guattari, se confunde com tudo aquilo que é criado, com o plano dos modos de ser. Não exatamente com um ente, mas com a realidade, com as coordenadas ontológicas, que se cria através de algo: o ser como heterogênese dos modos de ser. A textura ontológica está adjacente às novas coordenadas postas pelos novos agenciamentos criadores.

E a ética é, para Guattari, um tipo de conexão com o ser, que passa pelo ato criador e, sobretudo, pela instância criada que ganha uma existência autônoma, uma autopoiese. Autonomia esta que não significa uma independência do sujeito criador. Este é um outro ponto importante na ética de Guattari. São agenciamentos coletivos de enunciação, totalmente aquém e além de uma produção de subjetividade individual, que não se reduzem aos sujeitos, que podem sustentar, coletivamente, a ética do ser. A instância criada, portanto, é parte de um agenciamento, é um componente, este sim, privilegiado, cuja função é expressar, por um lado, a consistência desse agenciamento, materializado na substância criada. E, sobretudo, por outro lado, no terreno da ética, permitir que esse agenciamento esteja em posição de trabalhar todo o porvir, o infinito do ser que a instância criada efetua e de que participa integralmente. Toda ética será, nesse sentido, segundo a expressão de Guattari (2012b, 135), uma "ética-práxis da infinitivação", uma vez que esse tipo de conexão com o ser não é realizado com um ser posto sob a dependência de um Ser dado – entidade esta que ganhou certas coordenadas intensivas e extensivas, que diz respeito não apenas aos sentidos da realidade, mas a uma transformação, inclusive, da própria matéria da realidade – nem com a criação de um Ser estrutural dado de uma vez por todas.

Se a instância criada, que dá persistência ao agenciamento, pode ser considerada um ser, "um modo de ser do ser", ao mesmo tempo, transforma o ser criando realidade. Não há, para Guattari, contradição alguma em conectar, diríamos com o vocabulário defasado, um particular com o universal. Mas justamente, se não há a relação de dependência e subsunção que caracteriza a relação particular-universal, é porque ela é, ao mesmo tempo, singular-infinita. "Existe uma escolha ética em favor da riqueza do possível, uma ética e uma política do virtual que descorporifica, desterritorializa a contingência, a causalidade linear, o peso dos estados de coisas e as significações que nos assediam. Uma escolha da processualidade, da irreversibilidade e da ressingularização", escrevia Guattari (1992, 49), em *Caosmose*.

Nesse sentido, a ética propriamente dita é um tipo de atividade que ocorre no entre, ocorre no meio, num perpétuo vai e vem, numa perpétua recomposição, na conexão entre um modo de ser e o próprio ser. E é esse movimento que, talvez, fosse interessante nomear como sendo aquele instaurado por um "ser em vias de ser". Trata-se de pegar um modo de ser em vias de se tornar uma entidade dos estados de coisas e de pegar o ser em vias de se transformar em um modo de ser. É aí que se desdobra uma espécie de liberdade ontológica com força suficiente para possibilitar, cuidar e se preocupar com a criação existencial: "ético-ontológica (a existência de uma matéria de escolha)" (Guattari, 1992, 150).

Mas que tipo de atividade é essa? Qual é a práxis pensada por Guattari para trabalhar essa dimensão do ser em vias de ser? Guattari utiliza uma palavra – e nela insiste, sobretudo em seus últimos textos – muito arriscada: responsabilidade. A ética é, em suma, uma práxis de responsabilidade com o ser. Uma responsabilidade ontológica através – sem fazer a distinção – de uma responsabilidade diante daquilo que é criado e do como se cria.

Ora, é inevitável se perguntar o motivo de Guattari utilizar tal palavra, profundamente associada aos valores morais dominantes, cuja função histórica é a produção da individualidade, do governo dessa individualidade atribuindo seus papéis, comportamentos e funções. Afinal, a responsabilidade é introduzida para reterritorializar tudo aquilo que foge das funções predeterminadas no indivíduo obediente. Guattari (1979a, 107), que, pensando no problema que concerne à possibilidade de o desejo construir agenciamentos coerentes aquém das leis de obediência que não param de traduzi-lo e regulá-lo pela responsabilização, perguntava:

> [... o] que é a responsabilidade, o que é ser "responsável diante da lei"? Seria preciso aqui retomar o que Nietzsche chamou de "a longa história da origem da responsabilidade"! E igualmente o que escreveu a propósito da culpabilidade: "Essa mudança de direção que se permite o sacerdote asceta..." Uma consideração dos agenciamentos coletivos do desejo – que constituem a realidade mesma do tecido social, cujas funções de equipamento os mutilam, fracionando-os permanentemente – teria por corolário a extinção das instituições de responsabilização e de culpabilização no seio das quais nós devemos elencar não apenas os tribunais visíveis da justiça, da educação, etc., mas igualmente aqueles, invisíveis, do inconsciente (superego, inibições, neuroses, etc.). Não importa quais sejam, os comportamentos humanos – associais, loucos, delinquentes, marginais – implicam outra coisa: agenciamentos que associam, além das relações pessoais, órgãos de grupos, processos econômicos, materiais e semióticos de toda espécie. Para não ser equipados com leis transcendentes e representantes da Lei, para não ser dispostos à maneira da bipolaridade objeto-sujeito fechados sobre eles mesmos onde se pode facilmente "mudar a direção", tornar responsável e culpabilizar, tais agenciamentos constituem o lugar onde tudo o que permanece vivo no *socius* se refugia e de onde tudo pode repartir para construir um outro mundo de possíveis.

Guattari, junto com Deleuze (1992, 36), em resposta à acusação de terem sido irresponsáveis na elaboração das principais ideias de *O anti-Édipo*, sublinhou: "Quanto a ser responsável ou irresponsável, não conhecemos esses termos, são noções de polícia ou de psiquiatria forense". Através de que consistência, então, a noção de responsabilidade vai ser reabilitada? Por que a retomada dessa noção de responsabilidade?

Primeiramente, um fator importante é a apreciação que Guattari faz do termo no conjunto da ética do filósofo Emmanuel Lévinas. Em *Cartographies schizoanalytiques*, Guattari (1989a, 265-266), ao se ocupar das dimensões ético-estéticas do afeto transubjetivo, possíveis mediante a operação de ritornelos existenciais, invocou a ética da responsabilidade de Lévinas, citando-o: "A responsabilidade para outrem não é o acidente que chega ao sujeito, mas o precede nele mesmo a Essência, o engajamento para outrem". Já em *Caosmose*, destacou "o ser se afirma como responsabilidade do outro (Lévinas) quando seus focos de subjetivação parcial se constituem em absorção e adsorção com a tomada de autonomia e autopoiese de processos criadores" (Guattari, 1992, 118).

O ser, nesse caso, correspondendo à Essência de Lévinas, designa uma forma de subjetivação cuja natureza vem de fora, através do encontro com a alteridade de outrem. Mas o que Guattari parece exatamente valorizar em Lévinas? Para este último, a ética deveria ser a filosofia primeira – como Aristóteles e aqueles que recompuseram seus textos e posteriormente os sistematizaram, o que constitui um imperativo moral da narrativa científico-filosófica ocidental – no lugar da metafísica e da ontologia. É um equívoco existencial, considera Lévinas, do ponto de vista do ser produzido, fundar uma ética a partir de uma realidade definida, pretensamente conhecida e, em todo caso, única. É o grito de Lévinas (1978, 174): "os filósofos sempre quiseram pensar a criação em termos de ontologia, isto é, em função de uma matéria preexistente e indestrutível". A ética, desse modo, no vocabulário que Deleuze explorará a partir de Spinoza, se torna uma Moral, cujo objetivo está na adequação aos valores transcendentes estabelecidos, seja de que ordem for, mas sempre na dependência de uma realidade preconcebida. Lévinas (idem, 158 e 162), então, vai propor uma ética sem princípios, uma ética da responsabilidade derivada de uma *an-arché*: "anarquicamente a proximidade é assim uma relação com uma singularidade sem a mediação de nenhum princípio, de nenhuma idealidade"; "responsabilidade que não se justifica por nenhum engajamento anterior – na responsabilidade para outrem – em uma situação ética – que se desenha a estrutura méta-ontológica e méta-lógica dessa Anarquia". Para Lévinas, a ética vem antes do ser, que ora se confunde com o ser humano, o ser da consciência, que não é abandonado, mas tornado dependente à entrega em direção ao outro. Esse mesmo ser que é pensado como pura subjetivação que emana do privilégio de uma relação com outrem sem que, com isso, houvesse uma instância da subjetivação que não é outrem e que fosse anterior ao encontro.

Para Guattari, a ética está relacionada ao ser e não ao outro, porque não parte, como em Lévinas, de uma fenomenologia da consciência, mesmo que a essência desta seja a de um movimento para fora de si, isto é, ainda que voltada para a exterioridade e só se tornando significativa na medida que se funda nessa exterioridade. A ênfase de Guattari está na heterogênese do ser, produzida pelos processos criadores. "O ser não precede a essência maquínica", observou Guattari (1992,

150), em consonância com Lévinas, pois é a essência do rizoma maquínico que cria e, através dessa criação, introduz coordenadas de realidades inteiramente novas para si mesmo. Mas, continuou Guattari (idem, 151), "o processo precede a heterogênese do ser". Isto é, Guattari, com a práxis ética, está interessado em não perder de vista o ser, uma produção de realidade, ainda que não suposta como princípio, situada de modo construtivista, radical e histórico. Por isso, não opõe a alteridade ao ser, mas funde a alteridade na própria categoria de ser: origem de todo seu pluralismo ontológico.

Portanto, a questão permanece. Como funciona uma ética da responsabilidade com relação ao ser? Também em *Caosmose*, quando tratava de seu paradigma estético, Guattari (1992, 149) determinava algo muito importante:

> [...] o novo paradigma estético tem implicações ético-políticas porque falar em criação é falar de responsabilidade da instância criada diante da coisa criada, inflexão de estado de coisa, bifurcação além de esquemas preestabelecidos, aquisição, aí ainda, de uma espécie de alteridade em suas modalidades extremas. Mas a escolha ética não emana mais de uma enunciação transcendente, de um código de lei ou de um deus único e todo-poderoso. A gênese da enunciação é tomada no movimento de criação processual.

Ora, aí aparece, com toda força, a diferença, ou melhor, a deriva em relação a Lévinas: um movimento não da consciência, nem do ser, mas da própria existência, encarnada em uma instância criadora (subjetividade maquínica, agenciamento coletivo). O que é posto como objeto é entendido, muito mais, como a enunciação dessa subjetividade, um modo de processualizar não propriamente o ser, como totalidade homogênea, mas um movimento do ser: aquilo que vale designar como "ser em vias de ser". Em outras palavras, é o foco da própria enunciação, da própria consistência e criação do processo criador que lhe interessa. A responsabilidade ética dessa instância criada, dirá Guattari (1992, 174), "implanta no coração da relação objeto-sujeito, e aquém de toda instância de representação, uma processualidade criativa, uma responsabilidade ontológica que liga a liberdade e sua vertigem ética no coração das necessidades ecossistêmicas".

Para dizer de outra forma, um processo só mantém sua potência criadora conforme é capaz de se responsabilizar pelos efeitos da coisa criada, efeitos que atingem todo o ser. E se, como foi dito, a coisa criada não é uma espécie de objeto separado de um sujeito criador, mas a enunciação de um processo criador, como marca e garantia de sua consistência, é a própria heterogênese do ser que é efetuada, ou seja, um novo modo de ser é produzido: "[t]rata-se, então, não somente de considerar o ser aqui-já-aí, mas o ser porvir, o ser maquínico, as dimensões desterritorializadas, o pluralismo do ser. Uma responsabilidade diante do ser tomada como criatividade" (Guattari, 2013, 327).

O ponto que precisa ser ressaltado, se considerarmos a ética como uma práxis política, é que é preciso uma verdadeira atividade, práticas, técnicas, seleção, caminhos, avaliações de toda ordem para que esse movimento "instância criadora-coisa criada" possa manter sua conexão. É precisamente essa conexão que é garantida, sempre de modo precário, por uma atividade de responsabilidade.

A questão, entretanto, poderia permanecer: por que, ainda assim, utilizar o termo responsabilidade? Além de Lévinas, Guattari (1992, 507 e 2013, 175) também invoca outro filósofo,

Hans Jonas, e o seu livro *O princípio responsabilidade: ensaio de uma ética para a civilização tecnológica* (de onde vem a expressão "ética da responsabilidade"). Tal livro, ainda que tenha sido formalmente construído a partir da ideia de princípio, é atravessado por uma intuição que desarticula o próprio principialismo: a avaliação das ações das práxis humanas só pode ser feita a partir da análise dos efeitos causados pelo próprio agir humano em uma humanidade já considerada em simbiose com o cosmo. Assim, além da expressão e do vínculo entre ética e responsabilidade, e de uma atenção para as dimensões ecológicas do porvir do ser, pode-se supor uma tensão com o pensamento de Guattari: em Jonas, há uma maneira de conceber o futuro pelo qual se é responsável de modo muito reducionista, linear, como um ato de direção única, da humanidade para as suas descendências e para a Terra. Para Guattari, toda atenção ao porvir não coincide com o futuro (por mais que ele possa estar compreendido no porvir), mas sim com um modo de experimentação de singularidades virtuais e inteiramente reais cujo presente "descuida", é insensível e negligente. Assim, um cuidado com essas singularidades que não são presentes nem futuras (novos presentes) marca um movimento ético da responsabilidade cuja direção não se apresenta como uma seta para frente, mas como uma dobra que retorna ou retoma a si mesma a partir da riqueza possível no encontro com essas singularidades.

E sugiro ainda uma outra entrada para o termo "responsabilidade", que nos lança no movimento da práxis ética. Talvez, responsabilidade, em Guattari, deva ser pensada no sentido de um movimento tecnicamente musical. Deve-se partir da caracterização de responsabilidade como uma verdadeira "arte da resposta". Como, por exemplo, em toda música dita responsorial, como a antifonia africana que atravessa toda a música afro-americana sob formas contínuas, e pôde assumir o movimento tema-improvisação: um chamado (um apelo) e uma resposta. A responsabilidade é uma "arte das respostas".

Stengers (2016a), ao pensar a responsabilidade, já afirmava, nessa direção, que "se tornar capaz de responder é um dos sentidos da responsabilidade. Isso não significa de modo algum 'todos responsáveis', falso e amplo vetor de culpabilidade confusa". É muito curioso, pois, dessa maneira, irresponsáveis são justamente aqueles que se apresentam, também segundo Stengers (2015, 19-20), como "nossos responsáveis":

> Quanto aos Estados, sabe-se que, num grande impulso de resignação entusiasta, renunciaram aos meios que lhes teriam permitido assumir suas responsabilidades e deixaram o futuro do planeta a cargo do livre mercado globalizado. Ainda que, e é o que está na ordem do dia, "haja regulamentação", para evitar os "excessos". Por isso eu os chamo de "nossos responsáveis". Eles não são responsáveis pelo futuro; pedir satisfação a eles quanto a isso seria honrá-los além da conta. É por nós que são responsáveis, por nossa aceitação da dura realidade, por nossa motivação, por nossa compreensão de que seria inútil nos metermos em questões que nos afetam.

Não é possível, no sentido guattariano, se responsabilizar pela barbárie de nossos responsáveis, por exemplo, quando se coloca os pobres para pagar pelas dívidas, pelo desemprego e pelo aumento da miséria. Não é possível uma responsabilidade uma vez que não há uma criação em curso, um apelo existencial, em que algo é criado e cuja instância criadora torna-se responsável. Eis a única exigência desta ética: que haja criação e resistência. E eis por que aqueles e aquelas que devemos honrar – isto é, responder, tornarmo-nos capazes de responder através de outra criação – são aqueles e aquelas que inventam territórios existenciais. E tal como em uma improvisação do jazz, segundo as lentes de um olhar exótico, apenas parece fácil responder. Quando entrar, por quais meios rítmicos, em que tempo, como levar em consideração os acentos e pontuações daqueles que permanecem tocando o tema, que tipo de técnicas de formação de acordes permite a consonância. Como, quando e através de que meios instaurar a conexão?

Laurent de Wilde (1996, 236), ao abordar a conhecida dificuldade de se improvisar a partir de um tema de Monk, sobretudo quando executado pelo próprio, mostrava como o saxofonista Charlie Rouse procedia, em relação aos outros saxofonistas que também improvisaram com Monk, para defender a tese de que talvez tenha sido Rouse quem mais soube responder às exigências da música de Monk:

> Rouse não se assemelha ao golpe do *stop chorus* à la Griffin, não faz a onda de fundo de Coltrane, não faz a voz grossa de Rollins, ele faz zigue-zagues ao redor do tema, *in, out, in, out*, sempre no lugar exato, sem um passo falso e entendemos Thelonious, ecônomo atento, que abre e fecha as portas. Assim, entrevê-se uma tranquila cumplicidade que poderia durar anos.

A responsabilidade é um modo de criar as condições que permitem intensificar e cuidar de um processo de criação. Responder a ele. É, também aqui, como repete Guattari, um incessante jogo do problema de fazer persistir uma consistência. Ao considerar a responsabilidade como uma "arte das improvisações" – o que caracteriza propriamente aquilo que no pensamento de Guattari pode ser chamado de ética – implica-se, diretamente, que toda improvisação é uma ética.

Toda improvisação da política é uma ética, isto é, uma práxis cujo objetivo é cuidar das instâncias criadas com vistas a persistirem em sua potência criadora, por definição, com vistas à recriação. Mas a ética não seria não criadora, meramente (tecnicamente falando) conservadora, ao cuidar de e se atentar para as coisas criadas. É ela também uma atividade de criação. Especificamente, de criação dos meios necessários para cultivar e ativar a recriação contínua. Nas palavras de Guattari (2002, 16), um "cuidado com a singularidade": aquelas conquistadas, para que não se percam e, também, diante daqueles territórios existenciais devastados em que elas não parecem advir.

O primeiro sentido desse cuidado é, por isso, uma intensa experimentação, pois as composições, os padrões relativos, as provas, as misturas desse meio – e os aprendizados oriundos da experiência, como uma sabedoria dos agenciamentos – pertencem exclusivamente ao próprio processo. Talvez, tal preocupação possa ser compreendida na direção do modo em que Deleuze e Guattari (1980c, 8) concebiam a "prudência": "regras imanentes à própria experimentação". Ou como pensou Guattari (2013, 552) acerca do ponto no qual a ética ganha seu sentido:

> [...] a criatividade não é nunca feita a partir de leis, de códigos, de regras gerais, o processo criativo engaja a cada momento à responsabilidade ética[.] Não se acaba nunca com a responsabilidade ética, quando se está engajado em um processo de lutas sociais, de tratamento de problemas familiares, psicóticos... Sempre se põe a questão da recomposição de uma subjetividade, com os riscos e perigos que ela comporta. Nada está dado; o sucesso do processo e sua finalidade não estão nunca garantidos. É porque o porvir pode sempre se

abrir em duas direções, para o melhor como para o pior. Nenhuma causalidade garante que se vá em direção de um progresso da espécie humana ou que se vá em direção à barbárie.

No segundo sentido, cuja preocupação sinaliza para a conjuração da criação de singularidade, a ética da responsabilidade aparece não como um modo de criar os meios de persistência da criação (e, portanto, da recriação), mas como um modo de criar os meios da própria criação (e, portanto, literalmente, como um ato de recriação). A ética aparece como uma improvisação da política. E, no coração de todos os processos de recriação, a fronteira entre essas duas dimensões é inteiramente imperceptível. Vale distinguir apenas porque, na velocidade e complexidade dos acontecimentos existenciais, são muitas as atividades que podem aumentar a potência de agir, sentir e pensar.

As questões práticas se impõem: quais são as criações que bloqueiam as recriações? Quais são as realidades que bloqueiam, antes, a própria criação? Quais são as realidades que se tomam como únicas, homogêneas e unidimensionais – ou componentes ontológicos de uma ontologia – que impedem a recomposição da existência e a criação de novas realidades? E, por que certas ontologias bloqueiam não apenas a recriação que ocorreria no seu interior, isto é, sem atingir os limiares de sua consistência, mas tentam, a todo custo, bloquear a recomposição de outras ontologias, no encontro com elas? Essa espécie de ontologia que só surge quando se destaca de todas as outras e grita ser a única, para falar como Nietzsche em uma das versões da morte de Deus. Mas é preciso, por outro lado, escapar de uma posição fácil, que consistiria, ao desmitificar essa ontologia única, em apreender com a maior clareza as "outras" ontologias. Não se escolhe ontologia como se troca de roupa. Ela não é uma espécie de ideologia de uma natureza que, ao ser considerada justa, se deveria adotar. E nem é uma espécie de substância natural de uma cultura, como uma visão de mundo que se poderia, por livre-arbítrio, em seu conjunto, ser tomada como a "nova referência", visto que ela, fora da ontologia dominante, guardou sua pureza.

A ontologia não é passível de ser desconectada de territórios existenciais em que é produzida e sustentada. Do contrário, essa noção de ontologia seria enfraquecida pelos vícios do exotismo e do ecletismo. Por outro lado, se ela é um ato de criação respondendo ao problema existencial da escolha de consistência, nada impede que componentes ontológicos, desterritorializados, possam entrar ou sair de territórios existenciais, mas com a função de recriação de novos territórios existenciais.

REEXPOSIÇÃO DO TEMA: O PARADIGMA ESTÉTICO

É evidente que a arte não possui o monopólio da criação, mas leva ao ponto extremo uma capacidade de invenção de coordenadas mutantes, de engendramento de qualidades de ser inéditas, jamais vistas, jamais pensadas. O limiar decisivo de constituição desse novo paradigma estético reside na aptidão desses processos de criação se autoafirmarem como foco existencial, como máquina autopoiética.

Félix Guattari

Análise institucional, esquizoanálise, pragmática, ecosofia, ética, macropolítica, etc., são improvisações do tema da política que, postas à prova dos problemas existenciais carregados pela linha de fuga, também fizeram surgir outro tema-improvisação do pensamento de Guattari, a micropolítica. Considerando um tempo próprio de coexistência e de pressuposição ininterrupta entre essas práticas, entre as produções e as noções presentes em toda a obra de Guattari, aquilo que chamou de paradigma estético também aparece com um componente da interação tema-improvisação. Porém, em um lugar distinto.

Se nos aventurarmos em um exercício especulativo de considerar que o próprio pensamento de Guattari é, ele próprio, uma composição musical de jazz, o paradigma estético ocuparia o lugar da reexposição do tema. Como se a peça musical, antes de passar para a coda, fizesse uma reexposição de seus temas e improvisações, tornando-os novamente expostos, abertos, suscetíveis a novos encontros e conexões: um movimento de reavaliação e reexposição completamente sustentado por uma vontade de futuro, selecionando o que deve ser lançado com realce.

Reexposição que também é uma reafirmação em que a música, tal como encontramos, não poucas vezes, no mundo do jazz (sobretudo na obra de Monk), confere ainda um novo fôlego à entrelaçada composição agônica entre tema e improvisação. O que é então apresentado já estava plenamente presente e é inteiramente novo. Não por acaso, o que Guattari chamou de "novo paradigma estético", expressão que se destaca qualitativa e quantitativamente, também recebeu outros tantos batismos: "paradigma protoestético", "paradigma ético-estético", "paradigma estético-político", "paradigma ecosófico", "paradigma processual", "paradigma estético processual", "paradigma de consistência estética", "paradigma de criatividade estética", "paradigma da criatividade" e ainda, em uma bela formulação, "paradigma estético, político, ético e terapêutico". É com ele que também podemos pensar a natureza dessa concepção da existência capaz de animar uma outra maneira de pensar a política e de pensar politicamente.

No início da década de 1990, Guattari publica, com Deleuze, o livro *O que é a filosofia?* (1991). Um ano depois, o último de sua vida, sai o livro *Caosmose*. O plano de transversalidade do seu pensamento sofre nesse período outra inflexão. Mais uma transformação – uma nova ressingularização – da ideia de transversalidade acontece. Em entrevista, desse mesmo ano de 1992, Guattari (2013, 305-306) explicita a trajetória da noção de transversalidade desde suas primeiras elaborações nos anos 1960: "Hoje, ela [a transversalidade] mudaria ainda com o conceito de caosmose, porque a transversalidade é caósmica, está sempre ligada a um risco de mergulhar fora do sentido, fora das estruturas constituídas".

Existe no plano das mutações da transversalidade – que se confunde com as dobras e os desdobramentos da obra de Guattari – um trabalho, uma ascese, de instauração, que assume a precariedade desse processo, um trabalho com ferramentas e técnicas que possibilitam um *plus* de virtualidade para pensar a partir das multivalências das linhas de fuga, dramatizada na obra guattariana por vários termos, em que um deles [desterritorialização] se destaca. Se foi isso o que ocorreu com a transversalidade através das transformações dos anos 1960, 1970 e 1980, a extrema atenção para com as conexões hiperdesterritorializadas, no final dos anos 1980 e, principalmente, na brevíssima década de 1990, com a intrusão da noção de caosmose, não será diferente. Ainda que haja, de certo modo, um caráter especial de intensificação da problemática.

A caosmose talvez possa ser vista como uma reafirmação de todo pensamento de Guattari, fazendo emanar daí um paradigma do próprio movimento de reexposição, da reafirmação, da recomposição, da retomada, mais precisamente, dos processos de linha de fuga em estado nascente do seu pensamento e dos processos e práticas que Guattari experimentou. Trata-se de um paradigma ético, analítico, ecosófico e estético da recriação e da resistência. Ou ainda, um paradigma protoestético que reexpõe o tema da política, de uma política da existência inseparável da micropolítica. Aparece aí, então, *a política como uma arte problemática e problematizante*.

Guattari dá, nesses últimos anos, uma enorme importância à noção de problema. Preocupação recorrente em seus seminários, chega a dedicar um deles exclusivamente a isso (1981b). Em *Cartographies schizoanalytiques*, de outro modo, quando desenvolve os seus funtores ontológicos, reserva um enorme papel, ao lado dos territórios existenciais, para aquilo que denominava "domínio dos universos". Guattari inflexiona, nesse domínio, transversalmente a política com as categorias de problema, valor, consistência e paradigma.

A política não carrega um problema como outro qualquer, passível de uma definição restritiva pronta para ser aplicada universalmente, ainda que separada, em outros domínios e práticas, isto é, pronta para homogeneizar e alisar uma heterogeneidade, uma aresta, uma aspereza. Ela também não é um problema universal acima de todos os outros, inseparável de todos os domínios e contextos imagináveis – perspectiva que produziria os mesmos efeitos de unidimensionalização dos agenciamentos, das práticas e dos modos de existência. O desafio de Guattari: pensar a política como uma práxis transversal destinada a mover a atenção na direção de uma caracterização, concreta e experimental, do problema da existência, o problema da escolha de consistência. O objetivo seria, com esse desafio, pensar, sentir e praticar um encontro entre problemas heterogêneos, uma conexão, transversal, entre as conexões realizadas a partir de um problema, de universos de valores heterogêneos e em heterogêneses.

A palavra "arte" deve ser tomada, aqui, a partir de todo o esplendor que é repercutido justamente pelo paradigma estético, nesses últimos anos da vida de Guattari, anunciado com todas as forças e formalizado com vigor a partir de um conjunto de questões. Como sustentar uma autopoiese dos problemas? Como alimentar a evolução da autopoiese dos problemas? Como pensar a ecologia dos problemas? Como "preservar" e "proteger" uma problemática ameaçada de extinção? Como pensar suas interações com o seu e com outros meios? Como pensar suas repetições, suas inflexões, em meios heterogêneos? Como, também, perceber a reemergência de um problema supostamente extinto? Como recriar, criar, conectar e aprender a partir de um movimento problemático? Através de quais procedimentos?

Como pensou Guattari (1981b, 1), estamos aí diante de toda uma zoologia, toda uma etologia dos problemas: "[s]eria necessário se converter, de algum modo, a uma filosofia do tipo Dogon, para se impregnar de um certo realismo das ideias, dos valores; aceitar a existência das idealidades, das concreções problemáticas, como sendo algo que se encontra ordinariamente tanto quanto os objetos da vida cotidiana". Por que um problema e não outro? Por que tentar criar e se ligar a um problema de tal ou tal maneira e não de outro modo? Como e quais problemas irão dispor de um campo de escolhas possíveis que, por sua vez, implicará em instaurar uma e não outra consistência existencial? Qual consistência tem a potência de reativar o problema da escolha de consistência? E, talvez o mais importante, aquilo que liga substancialmente a arte do problema às práticas de valorização existencial, o spinozismo imponente de Guattari que faz perguntar: o que um problema nos torna capaz de sentir, pensar e agir?

O problema da escolha de consistência é inseparável da consistência da escolha do problema. E é desse modo que o tema da política, de uma política da existência, é reexposto pela obra musical de Guattari. A política como uma arte dos problemas.

3.1 – Arte, filosofia e política: caoides da arte e caosmose estética

Como funciona a arte para Guattari? Existem três pontos de vista que atravessam Guattari nas suas conexões com o que genericamente podemos chamar de arte. E são as determinações desses pontos de vista que permitem retirar o caráter inicialmente genérico do próprio termo. Irei nomeá-los do seguinte modo: há um ponto de vista da *caosmose estética*, um ponto de vista das caoides *(ou caosmos) da arte* e, ainda, um terceiro, um ponto de vista do *engajamento artístico*.

O ponto de vista do engajamento artístico designa as práticas de criação de Guattari que ganharam as formas de gêneros artísticos. Em hipótese alguma são desprezíveis, destituídos de valor no que toca a uma avaliação de conjunto do movimento de seu pensamento. Contudo, com exceção da autobiografia *Ritournelles* e de alguns roteiros para cinema – Le *Cahier Vert*, que chegou a ser realizado com François Pain, e *Un amour d'Uiq*, publicado junto com um pequeno roteiro para um curta-metragem sobre rádios livres e com um projeto de filme escrito com Robert Kramer cujo título é *Latitantes* –, uma consideração mais densa é comprometida pelo fato de grande parte desse material não ter sido publicado. Refiro-me ao conjunto de poesias chamado *Crac un plan pas un pli*, um romance autobiográfico batizado de *33.333* e diversas peças de teatro.[24] O cotejamento de tais produções, em última instância, mereceria uma análise à parte.

É possível já estimar que a caosmose estética e as caoides da arte – em que aqui me deterei – poderiam funcionar como os pontos de vista que desempenhariam a função analítica

---

[24] Cf. Garcin-Marrou, F. "L'influence du théâtre japonais sur la pensée et le théâtre de Félix Guattari".

para a compreensão do engajamento artístico. O que não impediria de pensar, por sua vez, que tal engajamento, através da poesia, do teatro, do cinema, da literatura, pode ter funcionado como uma contínua passagem intensiva – com movimentos perpétuos de retroalimentação – entre as formulações explícitas da caosmose estética e as reinvestidas das caoides da arte. A maioria das produções decorrentes do engajamento artístico de Guattari ocorreu entre 1979 e 1990. O que mais ou menos corresponde a um período de transição entre os outros dois pontos de vista (nas suas formulações explícitas), o das caoides da arte, já presente desde *Psicanálise e transversalidade*, e o da caosmose estética, ponto de vista anunciado, talvez pela primeira vez, no ano de 1986, com a hipótese do paradigma estético (Guattari, 2019) – posto definitivamente dentro da garrafa e lançado em 1992, como alguém que arremessa uma mensagem ao mar, com a publicação do texto "Um novo paradigma estético", em *Caosmose*, que retoma uma conferência de Guattari (1994) do ano precedente.

Cabe ressaltar que esses pontos de vista não representam uma metodologia voluntarista, fechada, pré-concebida e aplicada, nem uma fase, etapa ou desenvolvimento que Guattari assumiria exclusivamente em tal ou tal momento para fins previamente delimitados e igualmente preconcebidos. Os três pontos de vista coexistem e, ainda assim, com maior razão, são discerníveis. Seu pensamento, no que diz respeito ao problema da arte inseparável de uma arte do problema da consistência, compõe-se no movimento que percorre a um só tempo esses pontos de vista e ainda outros, advindos de práticas e domínios heterogêneos, revelando uma espécie de perspectivismo aderente à transversalidade: heterogêneses dos pontos de vista. Deleuze (2003, 357), muito provavelmente, foi o primeiro a dizer isso com todas as letras: "Félix talvez sonhasse com um sistema em que certos segmentos teriam sido científicos, outros filosóficos, outros vividos, ou artísticos, etc. Félix se eleva a um nível estranho que conteria a possibilidade de funções científicas, de conceitos filosóficos, de experiências vividas, de criação de arte".

O que discerne, então, a caosmose estética e as caoides da arte tendo em vista que a tônica permanece sendo o problema da consistência existencial? Acontece que o ponto de vista das caoides da arte parte dos produtos, das entidades criadas pelas práticas artísticas, em sentido estrito, isto é, vinculadas ao campo no qual se inserem os artistas e cuja constituição se dá na medida que os artistas criam a partir da tradição artística (incluídos aí todos os prolongamentos, desvios e rupturas): "a arte não é o caos, mas uma composição do caos, que dá a visão ou sensação, de modo que constitui um caosmos, como diz Joyce, não previsto e nem preconcebido" (Deleuze e Guattari, 1991, 241).

Isso não significa que haveria uma posição estanque, mesmo quando diz respeito a discernir, que identificaria as caoides da arte com o mundo de coisas prontas, já aí, e que, por isso, reservaria, para a caosmose estética, um enquadramento na dimensão processual da existência: o estado nascente ou em vias do real, das práticas, dos seres e das coisas. Ambas destinam sua atenção, quando se trata de considerar a arte, às dimensões do problema da consistência existencial que tem como vibração principal o movimento processual próprio do estado nascente de compleições heterogêneas. A distinção residiria muito mais no seguinte: no caos das caoides da arte, o problema da consistência existe a partir das entidades constituídas, da obra, dos monumentos artísticos, das sonatas, quadros e romances escritos, uma vez que – e apenas com essa condição – eles manifestam, tornam experimentáveis e são os próprios experimentos de uma abertura, de um devir. Por serem efeitos, podem ser causa, isto é, movimentos de uma linha de fuga criadora em que é preciso criar os meios de conexão para extrair ainda outras linhas de fuga, outras práticas de criação. Mas a arte não detêm a exclusividade da criação de linhas de fuga. E esse é um ponto que não pode ser esquecido: a arte opera por um meio próprio, qualificado, de compor e desencadear a experiência das linhas de fuga que Guattari – e Deleuze – pensam ser dignas dos processos de enriquecimento da existência. É por sua singularidade, e não por sua afinidade essencial ou seu privilégio em matéria de criação, que a arte interessa. E, justamente por isso, não apenas ela.

Quais os enriquecimentos existenciais, quais possíveis, podem ser infundidos na prática analítica, na esquizoanálise, por exemplo – com ecos institucionais concretos, transmutados, eventualmente, em efeitos cotidianos extremamente palpáveis –, a partir de *Em busca do tempo perdido*, de Marcel Proust? Não é um problema abstrato. É isso que Guattari explora no seu ensaio "Os ritornelos do tempo perdido", que finaliza o livro *O inconsciente maquínico: ensaios de esquizoanálise* (1979). "Toda *Recherche* [ou seja, todo o *Em busca do tempo perdido*] é focalizada na consistência existencial de tais realidades inclassificáveis" (227); há na obra de Proust "uma desterritorialização positiva, germinativa, desenvolvendo qualidades heterogêneas, abrindo possíveis inéditos" (262). E Guattari arremata: "A abertura ao real, a criatividade afetiva, perceptiva são, com efeito, tributárias do pôr em obra matérias de expressão *na sua disparidade, na sua heterogeneidade*".

São muitos os casos que cobrem os escritos de Guattari, variando em quantidade e nunca procedendo por conexões unilaterais entre um artista, uma caoide e uma prática ou meio considerado, em que as conexões ocorrem. Certamente, não é apenas com as alianças com as caoides da arte que o problema da consistência de uma outra prática pode alimentar o valor de suas linhas de fuga. Mas é apenas com a arte que uma qualidade específica, uma textura singular, das linhas de fuga de uma prática pode ser desencadeada, pois a arte põe no mundo suas caoides com os meios que apenas a ela pertencem. Para falar como Deleuze e Guattari em *O que é a filosofia?*, a única regra, em todos os casos, é que a disciplina ou prática interferente deve proceder com seus próprios meios no ato de conexão com outras criações que têm suas singularidades inseparáveis de seus próprios meios – é isso o que precisa ser levado em conta para escapar dos modelos verticais e das equivalências e identificações horizontais.

Em relação à ciência, por exemplo, Deleuze e Guattari (1991, 191) afirmam explicitamente: "É em sua plena maturidade, e não no processo de sua constituição, que os conceitos e as funções se cruzam necessariamente, cada um só sendo criado por seus próprios meios". Com a arte é um pouco a mesma coisa. Mas o fato de não afirmarem acerca da arte o que explicitam para a conexão com a ciência, abre o espaço para supor que seja a mesma coisa e, ainda assim, que haja algo mais. Esse algo mais é, penso, o ponto de vista da caosmose estética.

O que é a filosofia?, ao lado de *Caosmose*, é também um livro de reexposição e lançamento. As caoides da arte saltam aos olhos no primeiro, enquanto a caosmose estética brilha no segundo. Destacar, chamar a atenção, realçar, importa para fazer nascer ainda outros motivos. É fundamental marcar, porém, que ambos os pontos de vista coexistem nas duas obras. Do contrário, faríamos coro a uma suposta contradição vã que enxergaria em *Caosmose* uma destruição da inédita recusa da hierarquização das práticas de pensamento e criação estabelecidas, por exemplo, na história da Filosofia, da Arte e da Ciência. Em *O que é a filosofia?*, vislumbram-se tanto as possibilidades de conexões transversais entre filosofia, arte e ciência quanto o prolongamento desse gesto – a abertura para ir em direção às conexões com outras práticas de criação, igualmente singulares, uma vez que não se trata de uma horizontalidade igualizadora e homogeneizante: "para falar a verdade, as ciências, as artes, as filosofias são igualmente criadoras, mesmo se compete apenas à filosofia criar conceitos no sentido estrito" (Deleuze e Guattari, 1991, 11). Também em *O que é a filosofia?*, escrevem os autores: "o caos tem três filhas segundo o plano que o recorta: são as Caoides, a arte, a ciência e a filosofia, como formas do pensamento ou da criação. Chama-se de caoides as realidades produzidas em planos que recortam o caos" (245).

Em *Caosmose*, segundo a visão que identificaria uma contradição, ou seja, segundo uma perspectiva diferente da que se defende aqui, com a formulação do paradigma estético, a arte passaria ao primeiro plano e regeria o problema da criação. Tal confusão só pode ocorrer a partir da desconsideração de que *Caosmose* explicita um novo ponto de vista a partir da arte, um ponto de vista que Guattari qualifica de estético. A incompreensão que postula uma hierarquia dominada pela arte perde, também, o quanto o ponto de vista estético já está plenamente atuando em *O que é a filosofia?*, por exemplo, no próprio tratamento da questão "o que é a filosofia?" – o esforço principal e determinante do livro. Do ponto de vista das caoides da arte, a filosofia só pode nutrir alguma conexão à medida que as tece através de seus próprios meios, isto é, através do seu modo de cortar o caos, com o plano de imanência e, sobretudo, através das entidades caoides que lhe pertencem de direito, a saber, os conceitos. É desse modo que todo um regime de conexões com a arte (e com a ciência, de outro modo) surge.

Tal regime de conexões surge, em primeiro lugar, nos modos de cortar o caos. Modos que compartilham, ainda que diferentemente, os perigos que rondam o ato de criação, a saber, ser engolido pelo caos ou travado pela opinião que oferta a pretensão de proteção e segurança diante do próprio caos. E também, em segundo lugar, casos para serem determinados a cada vez, os regimes de conexões com a arte podem passar pela consideração daquilo que ocorre no encontro entre as próprias caoides que pertencem a cada uma das disciplinas criadoras.

> Um rico tecido de correspondências pode estabelecer-se entre os planos. Mas a rede tem seus pontos culminantes, onde a sensação se torna ela própria sensação de conceito, ou de função, a função, função de sensação ou de conceito. E um dos elementos não aparece, sem que o outro possa estar ainda por vir, ainda indeterminado ou desconhecido (Deleuze e Guattari, 1991, 234).

Do ponto de vista da caosmose estética, a própria filosofia é caracterizada como a "arte de formar, de inventar, de fabricar conceitos" (Deleuze e Guattari, 1991, 8). O termo "arte", nessa formulação, não é casual. Ele indica a presença do paradigma estético na própria caracterização da filosofia: a criação de conceitos é inseparável de um requestionamento contínuo acerca de sua consistência e não se distingue da elaboração de uma enunciação, de uma produção de subjetividade através da criação conceitual em vias de se fazer. O conceito, para a filosofia, é o que permite recomeçar a sua aventura e afirmar sua prática. "Toda criação é singular, e o conceito como criação propriamente filosófica é sempre uma singularidade" (idem, 13). Assim, "a questão da filosofia é o ponto singular onde o conceito e a criação se remetem um ao outro" (idem, 17-18). É o conceito que torna possível enfrentar o problema de sua consistência e a consistência da própria filosofia como modo de irrigar a instauração dos problemas e, igualmente importante, como modo de carregar uma singularidade sem esmagar (ou ser esmagada) e sem determinar os problemas que existem em outras práticas de pensamento e criação – função das incógnitas, dos desconhecidos da questão em *O que é a filosofia?*, que só através dos exercícios conceituais pode ser sustentada e alimentada.

Mais radicalmente, portanto, é preciso considerar que todo *O que é a filosofia?* é animado pelo paradigma estético, uma vez que nele a criação não é uma propriedade exclusiva da filosofia. Isabelle Stengers pensou essa questão em um conjunto de textos particularmente interessantes.[25] Questão glorificada muito velozmente na literatura deleuze-guattariana e tão vilipendiada em outros contextos que continuam a enxergar nesse livro, apesar do esforço monstruoso dos autores, uma superioridade da filosofia como modo transcendente de pensamento. De forma diferente, para Stengers, pensar a filosofia como criação de conceitos funciona como

---

[25] Refiro-me a Stengers, Isabelle. *Gilles Deleuze's last message*, sem data. "Entre collégues et mais", de 1998. "Félix Guattari, 'non philosophe'? Lettre à Chimères", de 2001 e "Deleuze and Guattari's Last Enigmatic Message", de 2005.

uma maneira de constituir o problema e não de finalizá-lo (o que o tornaria disponível para adesões, conversões ou detrações). Como escrevem Deleuze e Guattari (1991, 8) logo após afirmar a filosofia como arte de criar conceitos, retomado pela filósofa, inúmeras vezes ao longo de sua obra, de modo explícito e implícito, "não seria necessário somente que a resposta acolhesse a questão, seria necessário também que determinasse uma hora, uma ocasião, circunstâncias, paisagens e personagens, condições e incógnitas da questão".

Deleuze e Guattari não estão definindo a essência da filosofia, da arte e da ciência. Eles caracterizam todas elas em relação àquilo que desempenha um valor que pode funcionar como meio de reativação de seus nascimentos sem que, com isso, seja necessária a desqualificação de outras maneiras de pensar e criar. A caracterização da arte e da ciência é, assim, uma caracterização de suas potências criadoras, de pensamento, pois pensar é criar. É o arranjo pelo qual Deleuze e Guattari apelam à arte e à ciência a serem criadoras. Para isso, precisam, de um certo modo, já o serem, pois não se trata de denunciar uma falta. Apelam, nesse sentido, que a criação já constitui o componente fundamental dos seus modos de funcionamento. E esse movimento está submetido a um outro, que age recursivamente: apenas com a afirmação de que outras práticas são criadoras, são formas de pensamento, que a filosofia também pode encarar esse desafio em que seu destino e a sua liberdade, sua história e seu devir, sua herança e seu prolongamento, o valor de sua continuidade e mesmo sua eventual utilidade, insignificância e morte podem coexistir. Stengers também mostra,[26] devido a esses problemas,

---

[26] Cf. sobretudo Stengers, Isabelle. "Félix Guattari, 'non philosophe'? Lettre à Chimères".

por que *O que é a filosofia?* apenas apresenta, como outras práticas de pensamento dignas de serem aí extensivamente consideradas, a arte e a ciência. Apenas elas ou, no mínimo, sobretudo elas, ao longo da história do Ocidente e, principalmente, no cerne da modernidade, pretenderam substituir a filosofia, destituí-la de seu valor e de sua singularidade (e a morte que parece vir de fora encontra pontos de apoio que parecem subir por dentro: são "as máquinas de constituir Universais em todas as disciplinas", escreveram Deleuze e Guattari [1991, 13], que vulnerabilizam a filosofia). Não faz sentido, por isso, invocar as práticas que a filosofia desvalorizou, destituiu de importância, pretendeu substituir e, por último e não menos importante, se esforçou para destruir e/ou contribuiu literalmente para a aniquilação. A arte, a ciência e as imagens da contemplação, da reflexão e da comunicação que se apoderaram da potência criadora não desqualificante da filosofia, estão mais próximas, assim, em graus variados, do marketing, da comunicação e da propaganda, que pretendem, agora, na atualidade neoliberal, se apoderar da singularidade da filosofia e, assim, da filosofia como criação singular de conceitos – bem como de sua soberana identificação com o Pensamento (o que se traduz, nesse caso, pela conquista do lugar ideal para estabelecer os Universais).

Contudo, se há uma diferença no tom entre *O que é a filosofia?* e *Caosmose*, as duas últimas obras de Guattari, é por que esta última mantém, inflexionando, o problema em outra direção. Por não ser o problema da filosofia que deve ser zoo ou etologicamente determinado, mas o problema da produção de subjetividade, outras formas de pensamento, conjuntamente com a explicitação da abertura para ainda muitas outras formas de pensamento, são evocadas.

Caosmose não ganha em quantidade, não inclui, não é mais tolerante. O problema mudou. E tais formas de pensamento, como em *O que é a filosofia?*, não deixam de aparecer sob a rubrica de um apelo, de um chamado. Nada mais concreto e direto, acerca disso, do que o fato de Guattari (1992, 186-186) terminar o livro *Caosmose* do seguinte modo:

> Nas névoas e miasmas que obscurecem nosso fim de milênio, a questão da subjetividade, de agora em diante, volta como um *leitmotiv*. Não mais que o ar e água, ela não é um dado natural. Como produzi-la, captá-la, enriquecê-la, reinventá-la permanentemente de modo a torná-la compatível com universos de valores mutantes? Como trabalhar pela sua liberação, ou seja, pela sua ressingularização? A psicanálise, a análise institucional, o filme, a literatura, a poesia, as pedagogias inovadoras, os urbanismos e as arquiteturas, criadores, etc., todas as disciplinas terão que conjugar suas criatividades para conjurar as provações da barbárie, da implosão mental, do espasmo caósmico, que se perfilam no horizonte, para transformá-las em riquezas e alegrias imprevisíveis, cujas promessas, aliás, são igualmente tangíveis.

Cabe perguntar como procedem Deleuze e Guattari, em *O que é a filosofia?*, em relação à caracterização da arte? Essa caracterização passa por aquilo que cria: blocos de sensação formados por perceptos e afetos. Um caosmos que, através de seus próprios meios, escapa da homogênese das percepções e afecções dominantes aliando-se a um caos, isto é, a um infinito de possibilidades virtuais de intensidade (e mesmo, por isso, de sensibilidades). Por sua vez, desse infinito, a composição da arte seleciona e faz encontrar os componentes que vão permitir que esse caos não vença, vitória que impediria a edificação de uma obra. Caosmos ou caoide é o nome que sai dessa briga do artista contra os clichês, contra as opiniões dominantes, pegando emprestadas as forças do caos. É a situação do pintor diante da tela que não está nunca em branco, mas repleta de clichês, de opiniões. Importante ressaltar que também os clichês, as opiniões, não são, nunca, no pensamento de Guattari (e Deleuze) um atributo não científico, não filosófico, isto é, o outro do conhecimento que, para se afirmar como tal, precisa ultrapassá-los e, para se constituir, precisa a eles se opor. Os clichês e as opiniões não pertencem, assim, à massa, ao povo, à ignorância, ao erro e à ilusão. A opinião é o gesto pelo qual as percepções, afecções, sentimentos, ações, do mesmo, de um Eu (individual ou coletivo), servem para conjurar a heterogeneidade, não só em relação ao outro, mas também a eventuais virtualidades que poderiam coexistir e persistir naquilo que se está em vias de sentir, pensar e agir. "Toda opinião já é política nesse sentido" (Deleuze e Guattari, 1992, 178). Quantos conceitos e, mesmo, quantos conhecimentos, percepções, falas, tal como são apresentados, não seriam, assim, pura *doxa*? "A opinião, em sua essência, é vontade de maioria, e já fala em nome de uma maioria" (idem, 174). Eis aí outro gesto singular presente em *O que é a filosofia?*, a convergência entre a *doxa* e o Universal.

Contudo, há, sem dúvida, o interesse em pensar como e por quais meios, por quais procedimentos, um artista produz uma caoide. É o problema do estilo ou do plano de composição que o sustenta na medida que é formado pelos blocos de sensação. Esse plano de composição, que nunca é técnico (no sentido pobre do termo), não pode ser autonomizado da arte. Pois ele só existe em função da caoide, ele não existe se a caoide não se erguer. Ainda que, retrospectivamente, seja possível compreender que a caoide só foi erguida por conta de uma atitude específica de um artista diante do caos. Mas é a caoide da arte que marca o início, a atividade mesma, da arte. Assim, o que importa nesse ponto de vista da caoide é: o que fazer com a caoide a partir do momento em que ela está posta, isto é, a partir do bloco de sensação que mostra. Quando Proust parece descrever tão minuciosamente o ciúme, inventa um afeto porque não deixa de inverter a ordem que a opinião supõe nas afecções, segundo a qual o ciúme seria uma consequência infeliz do amor: para ele, ao contrário, o ciúme é a finalidade, destinação e, se é preciso amar, é para poder ser ciumento, sendo o ciúme o sentido dos signos (idem, 207).

O que é possível ver, que antes não o era, e que só o pode ser por meios artísticos manifestados nas obras, nas caoides da arte? "Não é esta a definição do percepto em pessoa: tornar sensíveis as forças insensíveis que povoam o mundo, e que nos afetam, que nos fazem devir?" (Deleuze e Guattari, 1991, 215). Quais devires, que novos modos de pensar, sentir e agir, se tornam possíveis de aprender, que movimentos imprevistos são desencadeados, com os blocos de sensações? "Toda sensação é uma questão, mesmo se só o silêncio responde a ela" (idem, 231).

Existe, portanto, um plano de imanência que é pré-filosófico e que só passa a existir conjuntamente com os conceitos (filosóficos). Há um plano de composição que, pode-se dizer, é pré-artístico e que só se efetua como tal conforme os blocos de sensação se erguem. Existe um plano de referência que, igualmente, é pré-científico e que é ocupado pelas funções. Planos e caoides.[27] Mas há um plano do problema

---

[27] Tendo em vista o enquadramento (no sentido cinematográfico) que aqui busco realizar, não considerarei um outro ângulo do problema que poderia aparecer através do tratamento dos personagens conceituais da

da consistência que é transversal aos três e que abre a consideração de outras práticas que podem ser caracterizadas de modo pertinente como práticas de pensamento e criação. E não só. Um plano que sai do caos mais do que nele mergulha.

Antes de mais nada, é preciso levar em conta, é um caos com textura própria, como Guattari afirmou em *Caosmose*. E se ainda assim fosse um plano é porque também parece dever ser constituído através de uma práxis que lhe é específica. Assim, esse plano não é oriundo de uma natureza, de uma espontaneidade própria do caos como fundamento ontológico, ainda que dinâmico, da existência. Até porque, como pensam Deleuze e Guattari, o "caos caotiza". Porém, como realça Guattari em *Caosmose*, o caos que caotiza jamais procede da mesma maneira. Mesmo o caos não deve escapar de uma consideração e caracterização feita à luz da situação em que emerge, ainda que não possa, jamais, ser facilmente representado ou circunscrito em uma ordem discursiva bem delimitada.

> O caos não é uma pura indiferenciação; ele possui uma trama ontológica específica. É habitado por entidades virtuais e por modalidades de alteridade que não tem nada de universal(,) o acontecimento é inseparável da textura do ser que o fez conhecer à luz do dia (Guattari, 1992, 114).

Mesmo o caos pertence a um meio. Não se tem o mesmo caos em meios e agenciamentos distintos. O caos que assola um esquizofrênico, em tal lugar, em uma dada instituição, vinculado a um histórico determinado de sociabilização, não é o mesmo caos que enfrenta aquelas e aqueles inseridos

---

filosofia, dos observadores parciais da ciência e das figuras estéticas da arte. Dimensões fundamentais para que Deleuze e Guattari caracterizem essas três disciplinas em *O que é a filosofia?*.

no território da filosofia, diferentemente situados que, por sua vez, não estão diante do mesmo caos de um pintor, de uma dada cidade, de um cientista, etc. Ainda que tenhamos que recusar o risco evolucionista que consistiria em supor que uma tal perspectiva está ausente em *O que é a filosofia?*, é importante reservar alguma atenção para o seguinte desdobramento: em vez de apenas privilegiar as práxis que mergulham no caos e, evidentemente, sem perder de vista o trabalho nessa direção, Guattari está também preocupado com o que sai do caos, com os processos que a ele pertencem. Acredito que seja justamente isso que sai, sob a forma de um problema relativo a qual existência está em vias de se constituir, qual existência é digna de ser recomposta, que se pode pensar, em Guattari, uma concepção existencial da política, isto é, uma micropolítica. E se a produção de subjetividade é uma categoria transversal, que atravessa e está na adjacência das práticas da filosofia, do domínio psi, do urbanismo, da pedagogia, da religião, da arte, da ciência, da ação e organização revolucionária etc., é porque ela vai ao encontro daquilo que mergulha no caos e enfrenta o problema da criação de consistências existenciais.

Ora, é importante também notar que a noção de caosmose aparece, precisamente aqui, diante dessas questões. E é assim que ressingulariza uma das mais importantes noções de Guattari: a transversalidade. Acrescentaria, inclusive, que além de ser uma noção, a transversalidade indica a existência de um plano próprio do pensamento de Guattari – plano de transversalidade – onde se elabora uma nova maneira de pensar a política e de pensar politicamente.

Na conferência em que apresenta o que se transformará em seu texto "O novo paradigma estético", Guattari (1994,

210) enuncia, com todas as letras, creio, a chave para a compreensão da transversalidade diante da noção de caosmose. Afirma que

> [...] este movimento, então, do infinito, é, ao mesmo tempo, um movimento da existência, na medida em que existe o que eu chamo "uma submersão no caos do universo", uma apropriação dos universos e uma recarga, uma reposicionalidade, de uma complexidade diferenciada, através de mundos subjetivos, estéticos, etc. Portanto, vejo a coexistência entre o movimento infinito do caos e o movimento infinito da complexidade; a afinidade está sempre em uma interface que chamo de submersão caósmica.

Mas o que é o movimento do infinito que se confunde com o movimento da existência em que a caosmose funciona como uma espécie de em si e para si, digamos assim, das potencialidades de criação e enriquecimento da própria existência? Um movimento, como diz Guattari, "intolerável e necessário"; "movimento caósmico" (1994). Ou, como também qualifica Guattari (1993, 20), um movimento insuportável. "Há algo de insuportável neste ponto de existencialização – insuportável, no sentido literal, de que não há nada a suportar –, não há suporte elementar da caosmose".

A transformação da transversalidade que ocorre, sobretudo, por volta dos anos 1990, não deixa de fora o primeiro livro publicado nessa década, o último assinado com Deleuze: *O que é a filosofia?*. Aliás, a história dessa noção está intimamente ligada ao trabalho conjunto com Deleuze. É, inclusive, um tanto curioso que a primeira mutação da transversalidade – a noção de máquina – e a última – caosmose – se faça a partir dos trabalhos de Deleuze, *Diferença e repetição* e *Lógica do sentido*, em que Deleuze, retomando o Joyce de *Finnegans Wake*, torna o "caosmos" um conceito filosófico. Tudo em Guattari é ritornelo. E, por isso, há também uma aspereza própria à repetição que não reproduz o mesmo. Pois essa noção de caosmose que aparece nos últimos anos de Guattari não deriva, como aquela de máquina, diretamente dos textos de Deleuze que, aliás, cabe notar, pertencem a um período anterior ao encontro e ao trabalho a quatro mãos. Ela deriva da conexão com as dobras das noções que Guattari criou ao longo de toda a sua obra – e que criou com Deleuze. Como diz Guattari (1993, 33):

> [...] quanto ao "caosmose", creio que o termo "caosmos" foi usado pela primeira vez por James Joyce e, depois, retomado por Deleuze; mas eu lhe acrescentei algo: o sufixo ose, porque quero conjugar as ideias de "caos", "cosmos" e "osmose". Quero dizer com isto que há uma relação osmótica, de imanência, entre a complexidade e o caos.

De todo modo, retornando à caracterização das ações dos planos em *O que é a filosofia?*, em suas relações com os movimentos infinitos de um caos com texturas e qualidades específicas, observamos que os planos atuam através da existência de um negativo, de um não, que é inseparável de toda criação. Em uma passagem importante, Deleuze e Guattari (1991, 256-257) escreveram:

> É que cada disciplina distinta está, à sua maneira, em relação com um negativo: mesmo a ciência está em relação com uma não-ciência, que lhe devolve seus efeitos. Não se trata de dizer somente que a arte deve nos formar, nos despertar, nos ensinar a sentir, nós que não somos artistas – e a filosofia ensinar-nos

a conceber, e a ciência a conhecer. Tais pedagogias só são possíveis, se cada uma das disciplinas, por sua conta, está numa relação essencial com o Não que a ela concerne. O plano da filosofia é pré-filosófico, enquanto o consideramos nele mesmo, independentemente dos conceitos que vêm ocupá-lo, mas a não filosofia encontra-se lá, onde o plano enfrenta o caos. A filosofia precisa de uma não-filosofia que a compreenda, precisa de uma compreensão não-filosófica, como a arte precisa da não-arte e a ciência da não-ciência. Elas não precisam de seu negativo como começo, nem como fim no qual seriam chamadas a desaparecer realizando-se, mas em cada instante de seu devir ou de seu desenvolvimento. Ora, se os três Não se distinguem ainda pela relação com o plano cerebral, não mais se distinguem pela relação com o caos no qual o cérebro mergulha. Neste mergulho, diríamos que se extrai do caos a sombra do "povo por vir", tal como a arte o invoca, mas também a filosofia, a ciência: povo-massa, povo-mundo, povo-cérebro, povo-caos.

As caoides (conceito, sensação e função) são modos de responder àquilo que o plano do problema da consistência apresenta com o caos: qual consistência? Como? Em que meio, através de que procedimentos? Pela seleção de quais componentes? Através de qual liga que se pode conectar esses componentes nas suas heterogeneidades? Qual consistência permite alimentar esse problema, criar o valor de uma prática, aquilo que a caracteriza justamente porque a singulariza e a dota da potência de retomada? Mas também e, talvez, principalmente: qual povo a criação não apenas evoca mas precisa invocar? A questão é concreta e elaborada justamente em relação à filosofia. Pois "o não-filosófico está talvez mais no coração da filosofia que a própria filosofia, e significa que a filosofia não pode se contentar em ser compreendida somente de maneira filosófica ou conceitual, mas que ela se endereça também, em sua essência, aos não-filósofos" (Deleuze e Guattari, 1991, 151-152).

Há um elemento ético-político configurador da criação filosófica através do ato de se endereçar a um povo. O próprio filósofo necessita do não-filósofo na sua compreensão, na sua criação filosófica. O povo entra na constituição da filosofia não porque ele deve fazer filosofia, não porque a filosofia deve conhecer e representar os interesses do povo. Como escreveu Stengers (2003, 129):

> [...] seria um insulto aos autores pensar que esse endereçamento é um apelo à conversão, a um devir-filósofo. Se "o filósofo deve se tornar não filósofo para que a não-filosofia se torne a terra e o povo da filosofia" isso não significa, evidentemente, que o povo lerá Platão, Kant, ou mesmo Nietzsche e Deleuze, trata-se do povo e da terra que o filósofo apela e, acrescentaria, diante dos quais, para os quais, ele tenta pensar(.) Uma terra, um povo, que sobretudo ao filósofo não cabe definir, que, aliás, não constitui um desafio filosófico, apenas, diria, trata-se de algo vitalmente necessário para que o filósofo não se transforme em guru.

Não é um problema de comunicação nem de formação de um "júri popular" que atestaria a qualidade da filosofia. É um problema filosófico que a filosofia só pode encarar com seus próprios meios, uma vez que faz parte, não de sua condenação, sua culpa e nem de sua inocência, e sim de sua "não inocência", como pensa Donna Haraway retomada por Stengers inúmeras vezes,[28] mas de sua herança, a formação de

---

[28] Cf. por exemplo Despret, V. e Stengers, I. *Les faiseuses d'histoires. Que font les femmes à la pensée?* Paris: Les empêcheur de penser em rond/Découverte.

uma gigantesca máquina de desqualificação do que importa nas criações do povo e, claro, de exclusão do povo da própria dignidade de existir heterogeneticamente. A filosofia sobreviveu às custas da destruição do povo, exatamente quando fazia coincidir um povo específico, europeu, grego, com os universais do que é ser humano. Cabe considerar que mesmo aí seja uma imagem do povo muito particular, como massa homogênea, fadada aos erros e ilusões, mas que, supostamente, caso escutasse os filósofos, poderia ascender ao caminho da Verdade, do Bem, da Justiça e da Felicidade. Seriam povos inteiros partilhando dessa pretensa insuficiência, no entanto, diferente do povo grego, europeu, branco, ocidental e moderno, tal falta seria congênita, ontológica, inultrapassável – o que faz tudo mudar.

E se a filosofia deve enfrentar essa questão em seu próprio seio é porque, uma vez tendo insistentemente realizado a exclusão, não pode se outorgar o direito de incluir os povos por decreto nos direitos à existência, ao que a própria filosofia sacralizou como tendo valor, em uma só palavra, Universal. A filosofia só pode considerar esse componente e, a partir daí, afirmar a necessidade de outras práticas de criação para que ela própria tenha a chance de também ser criadora, a chance de ser capaz de extrair suas linhas de fuga que coexistiram com sua própria tradição. Stengers (1998, 163), mais uma vez, diz algo lapidar a esse respeito:

> Mas se o filósofo deve escrever *diante* desses grupos minoritários, se a filosofia precisa, ela própria, devir "grupo minoritário" para que os grupos minoritários se afastem do julgamento que os desqualifica, para que eles construam linhas de fuga que não sejam linhas de ódio e de morte, não cabe ao filósofo, contudo, ligar sua própria definição a essa luta.

Em suma, invocar um povo "não é, não tem de ser e, sobretudo, não deve ser, um povo e uma terra que prolongariam nossas próprias definições".

O desconhecido, o Não que acompanha a filosofia (e não só ela), é o material mesmo do plano do problema da consistência que diz respeito ao que Guattari compreende por política. E é o modo de Guattari pensar a política, e pensar politicamente, através das conexões possíveis, em heterogêneses, com outras práticas de pensamento e criação. Se o paradigma estético de Guattari reexpõe o tema da política é porque o plano sai do caos para se chocar, portando os perigos do caos, com as práticas de criação que nele mergulham sob a forma de um problema existencial, da consistência existencial, com sua constituição problemática e problematizante.

O paradigma estético tem a pretensão, assim, de movimentar tal arte do problema. Para falar de outra forma, o modo pelo qual Guattari (1992, 162) escolheu também falar, o paradigma estético é um esforço para aprender a criar "um novo amor pelo desconhecido", por uma incógnita inapropriável, que subjaz nas práticas que precisam perseverar e nas questões e problemas, nos valores, que se está em vias de fabricar. O paradigma estético não é um conjunto de princípios capaz de julgar o que importa e o que não importa. Mas sim o exercício de contribuir para uma arte do problema onde o aprendizado é feito caso a caso, a cada vez, destinado a criar, recriar, conectar e perceber os sistemas de autovalorização lá onde a existência luta para ser digna de se tornar experimentável, vivida, lá onde conecta a alegria com seus modos de ser. Trata-se de uma criação ou recriação própria daquilo que Guattari (idem, 33) chamava de criacionismo axiológico: os problemas como instâncias "que se detecta ao mesmo tempo que se produz, e que se encontram no ser já aí, desde sempre, assim que se engendra". Toda uma autopoiese dos problemas movimentada por Guattari através de um acontecimento: o encontro, a gestão e a manutenção da caosmose.

Como pensar através da criação de conceitos que são assombrados não apenas pela complexidade do caos de onde emergem mas, também, pela processualidade da caosmose que a eles se dirige? No que consistiria um exercício concreto, de uma filosofia como política da existência, que se esforçasse em prolongar o gesto guattariano de pensar o problema da escolha da consistência existencial e de pensar como colocá-lo a partir de meios, práticas, movimentos, que sustentam seus encontros com as caosmoses, enquanto as sustentam?

E se tivéssemos que pensar e escrever levando em conta a presença de um espírito maligno especulativo e pragmático que impusesse a seguinte questão: por que não estaríamos às voltas com apenas mais um caso de reificação, substancialização, naturalização, hipostasiando uma noção de política puramente convencional? O que proporia essa política, essa filosofia? O que fazer? São questões malignas, às vezes, maliciosas, que são produtivas na medida que, talvez, possam suscitar uma resposta pragmática, concreta, que faz parte do próprio movimento de desvio daquilo que, prioritariamente, elas pedem para ser dito e reconhecido. Em outras palavras, o que fazem os filósofos se não são gurus e se esquivam dos universais e das equivalências generalizadas? O que fazem, enquanto fazem, se essa questão age na constituição daquilo que estão em vias de pensar, de escrever e de sentir? E se, retomando uma especulação e um apelo de Guattari (1992, 180) lançado em um de seus últimos textos, "intelectuais, quem quer sejam, não fossem mais solicitados a se erigirem como modelos de pensamento ou aqueles que vão dar lição de moral, mas fossem solicitados a trabalhar, ainda que na extrema solidão, para colocar em circulação instrumentos de transversalidade"?

O prolongamento dessas questões passa por uma atenção a um importante acontecimento do pensamento de Guattari: invocar um povo por vir e pensar o problema da produção de subjetividade se torna um só e mesmo movimento destinado a injetar novas forças à resistência anticapitalística diante da crise contemporânea que impacta, de muitos e diferentes modos, segundo os meios, o conjunto do planeta.

É uma crise, uma situação cada vez mais crítica, que, com Guattari, poderíamos dizer que se traduz no adoecimento da Terra, dos vínculos coletivos e dos afetos vitais – é uma catástrofe ecosófica. É também, por isso, um campo aberto de importantes decisões, onde outros possíveis buscam se encontrar. Uma crise que Guattari, em *Caosmose*, considerava ser mais intensa e generalizada que a "crise ecológica". Trata-se, sem dúvida, de uma compreensão da crise inconciliável com o sentido que ela assume quando é tomada como tecnologia de poder pelos nossos governantes do Estado, nossos gerentes globais do mercado e do mundo da mercadoria, seus economistas e a mídia de massa. É "uma crise mais geral do social, do político e do existencial" (1992, 165-166) que obriga a pensar novamente e por outros modos o que pode ser, o que é, como funciona um ato de criação política que, como um caso de consistência e existência, tenta conjurar toda e qualquer política universalista. Tal como a política funciona no pensamento de Guattari, talvez haja uma não-política que esteja mais no coração da política que a própria política.

3.2 – Metodologia existencial

É para pensar a produção de subjetividade que se pode colocar a seguinte questão: quais são as características do ponto de vista da caosmose estética que impulsionam, ao mesmo tempo, a formulação de um paradigma estético e o ato de colocar o problema transversalista da consistência? Em suma, o que é a arte do ponto de vista da caosmose estética? Aqui, também não será o caso de considerar o risco maniqueísta inverso daquele que foi salientado a respeito das caoides da arte. Se elas não eliminam a dimensão da arte antes dela se manifestar nos objetos e constructos de uma prática artística, a caosmose estética não elimina as produções da arte autonomizadas nas suas entidades dadas, nos seus movimentos hereditários e mesmo nas suas correntes, escolas, formas, etc. Do mesmo modo que o ponto de vista das caoides da arte é inseparável das dimensões da arte em vias de se tornar arte, o ponto de vista da caosmose estética também não significa um desprezo da importância dos objetos, dos blocos de sensações, que são postos no mundo. Mas há, por assim dizer, uma outra conexão com o universo artístico. O que se destaca não são etapas distintas da prática artística em seu sentido estrito, mas o modo de entrada em cada uma delas e, com isso, os novos contornos que podem advir desse movimento. Assim, no processo de criação ou na entidade criada, no estilo ou na obra, na técnica e no material, o que é posto como elemento catalítico digno de atenção, que melhor caracteriza o que batizei como caosmose estética, é aquilo que Guattari (1993a, 12) pensa através da expressão "estado nascente":

> O que me parece interessante na poesia sonora e em diferentes tipos de performances é que levam até o fim o requestio-

namento da obra como entidade circunscrita no espaço e no tempo, nos estilos, nas escolas, nas redundâncias perceptíveis, nas redundâncias de significação. E colocam o cursor justamente sobre este ponto, em estado nascente. É o que eu chamo o ponto de caosmose. O ponto vertiginoso que todos os artistas, em um momento ou outro, apreendem: seja como uma grande crise, seja como estímulo permanente. Ou um resultado: como em Joyce, que acabou por entrar em uma espécie de caosmose generalizada, que ele trabalhou até o fim.

Podemos propor, também, a seguinte chave de análise, ainda em conformidade com o movimento de *O que é a filosofia?*: o paradigma estético é um modo de caracterizar não uma prática específica, mas as complexas relações da produção de subjetividade com o caos. O fato de não se tratar de uma prática específica não deve significar que não se trata de prática alguma ou que se tratará, seja como for, do mesmo processo em qualquer prática. Ao contrário, o problema da produção de subjetividade implica a consideração de um meio situado, envolvido em instituições específicas, na encruzilhada de formas e forças sociais, cósmicas, históricas, incorporais, mentais, etc. Não apenas na forma de um contexto, mas sim de um modo tal que o caráter situado do acontecimento em questão já constitui um material das conexões em vias de se fazer e das texturas axiológicas em vias de se forjar. Toda uma ecosofia – temática desenvolvida por Guattari em paralelo com o paradigma estético – com sua abertura para múltiplas, heterogêneas e, frequentemente, discordantes ecologias. Em todo caso, "o ponto de caotização não tem mais nem tempo e nem espaço. Está no estado nascente: a subjetividade em vias de se afirmar" (1993a, 12). Em *Caosmose*, Guattari (1992, 156) escreveu que

> [...] a caosmose não oscila, então, mecanicamente entre zero e o infinito, entre o ser e o nada, a ordem e a desordem: ela ricocheteia e brota nos estados de coisas, nos corpos, nos focos autopoiéticos que utiliza a título de suporte de desterritorialização, ela é caotização relativa através da confrontação de estados heterogêneos da complexidade. É o caso, aqui, de um infinito de entidades virtuais infinitamente rico de possibilidades, infinitamente enriquecível a partir de processos criadores. É uma tensão para fazer surgir a potencialidade criativa na raiz da finitude sensível, "antes" que ela se aplique às obras, aos conceitos filosóficos, às funções científicas, aos objetos mentais e sociais, que funda o novo paradigma estético.

Joyce, no texto de Guattari supracitado e em outros, aparece como referência. É digno de nota, contudo, que quando anuncia o seu paradigma estético, Guattari menciona recorrentemente o nome de Marcel Duchamp e John Cage. A própria denominação "artista" parece não atingir seu pleno sentido (ou, no mínimo, sua apreensão imediata) com esses artistas. E a questão de saber se são artistas ou não, que fundamenta diversas querelas em muitos teóricos da arte, não interessa a Guattari, pois tal questão é um convite à destruição do que há de novo nessas referências justamente porque parecem se movimentar nessa tensão para fazer passar outra coisa mais importante – um exercício existencial da produção de subjetividade em vias de constituição. Dito com outras palavras, é através dessa tensão, para e por essa tensão, que Guattari os valoriza. De um modo geral, sobre a arte conceitual, diz: "Existe, então, este objeto, como um objeto da arte conceitual, um objeto estético multirreferente que não apenas remete para leituras diversas, mas implica práticas e invenções de novas respostas" (1991a, s/p). Prossegue, assinalando:

Por qual motivo retorno sobre a problemática da arte conceitual? Não porque gosto da arte conceitual, eu a considero um fracasso total, mas é uma problemática absolutamente importante, é o fracasso da arte conceitual que é algo fabuloso, pois se trata, justamente, da questão de uma produção ontológica radical, de um heterogênese ontológica radical (idem).

3.3 – Estética e política: técnica caosmótica

O que é posto em destaque nessa tensão que injeta no sensível as potências da criação? É o fato de esses artistas trabalharem a enunciação mesma da produção de subjetividade. A tensão é sempre uma tensão da enunciação da produção de subjetividade. Dois fenômenos interessantes decorrem daí: as caosmoses estéticas marcam um ponto de vista da arte quando ela parece tomar, para Guattari, a própria produção de subjetividade como objeto-sujeito de criação e, em segundo lugar, é nesse momento que as caosmoses estéticas escapam de serem enquadradas na arte em seu sentido estrito. Ou ainda, dito de outro modo, a caosmose estética é uma dimensão que já lhe escapa, que foge da arte – é uma linha de fuga que a experiência da arte permite fecundar, mas uma fecundação sem filiação, monstruosa, que não pode ser circunscrita com segurança em seu seio. Precisamente aqui está a gênese do paradigma estético. Nem restritamente particular, nem universalmente englobante, o paradigma estético promove, para Guattari, a possibilidade de, a partir de seus meios específicos, se tornar suscetível a singularização, aos encontros com a caosmose, aos processos singulares de produção de subjetividade que ocorrem em outros meios, por outros meios, segundo outros vocabulários. Por isso, Guattari (1992b, 15-16), em uma entrevista, diz:

Os artistas, sobretudo após as grandes rupturas conceituais introduzidas por Marcel Duchamp, por John Cage e outros, trabalham cada vez mais sem garantia, sem bases. Não possuem normas transcendentes. Trabalham a enunciação mesma da relação estética. E, com isso, são as pessoas que, de uma certa maneira, constituem os núcleos os mais corajosos em sua relação de criatividade. Existem outros. Existem as crianças na idade em que despertam para o mundo. Existem os psicóticos que nós falamos. Existem os artistas, existem muitas pessoas. Os apaixonados, pessoas com HIV positivo, pessoas que estão morrendo... São pessoas que estão em uma relação caósmica com o mundo... Mas os artistas, de uma certa maneira, forjam os instrumentos, traçam circuitos, para poder afrontar essa dimensão de: "o que eu faço aqui?", "o que é esse planeta?", "a que posso me ligar?" – a nada de transcendente! Você pode se ligar aos processos imanentes da criatividade. E, assim, a segunda coisa que eu gostaria de dizer é que, nesse momento, o paradigma estético, fora da produção das obras estéticas, é algo que trabalha tanto a ciência quanto a pedagogia, o urbanismo, a medicina, a psiquiatria, etc., porque é essa metodologia mesma, uma metodologia existencial, essa micropolítica existencial, que é elaborada de uma certa maneira, trabalhada, cavada por essa perspectiva estética.

Nessa mesma entrevista, após abordar seu paradigma estético, a ecosofia, e invocar a caosmose vinculada, Guattari (1992b, 18) insiste, mais uma vez, no que talvez seja a pedra de toque de seu pensamento:

> [...] uma outra economia é possível. Outras mídias são possíveis. Outra filosofia é possível. Outras formas de arte são possíveis. É essa questão do possível, essa questão de levar

novamente em conta, da reapropriação, que se encontra colocada hoje com grande urgência. Senão, se nada é mais possível, então pura e simplesmente corremos para uma catástrofe planetária.

A escolha da arte – e não sua superioridade congênita ou afinidade natural com a criação – é motivada por conta deste imperativo guattariano de vincular a questão do possível com aquela da criação. Pignarre e Stengers (2005, 167) escreviam acerca dessa vinculação: "Félix Guattari evocava a respeito disso um processo de 'catálise existencial', cada 'criação', ou reconquista, podendo suscitar repercussões sobre o modo do 'se é possível', despertando o apetite que fará existir um outro possível, em outro lugar".

Ora, a arte, tal como atua no paradigma estético, talvez tenha como ofertar, essa é a aposta de Guattari, uma dimensão muito especial para essa ligação entre o possível e a criação: os artistas, de uma certa maneira, *forjam os instrumentos, traçam circuitos*, para poder afrontar a caosmose – há toda uma metodologia existencial. Também aí os artistas não são os únicos, mas, de certa forma, com seus meios, consideram essa dimensão especial, talvez, como essencial. Dão valor a essa questão.

Penso que é exatamente isto que Pignarre e Stengers (2005, 171) chamam de técnica e perguntam: "[c]omo se tornar capaz de criação se essa capacidade não é um direito adormecido que os interessados recuperariam quando tiverem suprimido as injustiças de que eles são vítimas?". O paradigma estético é uma arte que, para pensar a produção de subjetividade, na sua tensão enunciadora, evidencia que se trata, também, de uma questão técnica, questão de, poderia ser dito, busca de ritornelos sensíveis e abstratos, pequenos e grandes, de repetições, capazes de inscrever na finitude, a mais palpável e concreta, graus de potência infinitas, universos de referência, problemas, em suma, fazer emergir virtuais que alimentam bifurcações possíveis da produção de subjetividade – tema da ecologia do virtual amplamente tratado conjuntamente com o paradigma estético. Não era isso que, inclusive, ainda que de outro modo, animava a caracterização da arte estrito senso em *O que é a filosofia?*: "[t]alvez seja próprio da arte passar pelo finito para reencontrar, restituir o infinito" (Deleuze e Guattari, 1991, 271). "O percepto como sensibilidade cósmica"? (idem, 214).

O possível, em Guattari, está no núcleo de indiscernibilidade entre o virtual, o atual, o real e, não menos importante, os estados de coisas, os corpos, as significações dominantes, corriqueiras e cotidianas. Nessa encruzilhada, ele espalha, derrama e é capaz de plasmar graus de potência e liberdade ao fazer com que essas dimensões ressoem através de novas bifurcações, novas trajetórias existenciais (individuais e coletivas). É aí que entra a questão da técnica.

Pignarre e Stengers (2005, 171) não deixam de considerar aí um risco em utilizar a palavra "arte" para tratar deste acontecimento que é "tornar-se capaz" de conexões e criações de possíveis: "há uma arte do acontecimento. Mas a palavra 'arte' é um pouco reconfortante demais: suscita sentimentos bastante elevados, mas isso não obriga a pensar". Isso vale inteiramente ao paradigma estético, como um risco imanente e, talvez, inevitável da sua invocação. Guattari o posiciona como um paradigma anticapitalístico, e o risco da estética funcionar como algo que deveria mobilizar, que demandaria uma conversão e adesão para algo já dado, faz parte do seu posicionamento. Se Guattari não se cansou de enfatizar que seu novo paradigma estético não é uma propriedade do mundo da arte, é porque tentou enfraquecer esse risco, o risco dos sentimentos elevados: a pretensa superioridade que decorre da igualmente pretensa exclusividade em conhecer e tratar corretamente os verdadeiros problemas.

> A ideia é que, na sociedade atual, todos os focos de singularização da existência são recobertos por uma valorização capitalística. O reino da equivalência geral, a semiótica reducionista, o mercado capitalístico, tendem a achatar o sistema de valorização. Além disso, há uma assunção, uma aceitação deste achatamento[.] O paradigma estético de que falo se apresenta como uma alternativa em relação ao paradigma científico subjacente ao universo capitalístico. É o paradigma da criatividade[.] A ideia principal consiste no fato de que a essência da criatividade estética reside na instauração de focos parciais de subjetivação, de uma subjetivação que se impõe fora das relações intersubjetivas, fora da subjetividade individual. Trata-se de uma criatividade existencial, ontológica. Então, o paradigma estético nos dá a possibilidade de nos unirmos a outras produções de subjetividade parcial, no âmbito da psicanálise, da sociedade, etc. (Guattari, 1993, 29-30).

A importância dos procedimentos, de forjar os instrumentos, os circuitos, a importância de uma metodologia existencial, como diz Guattari, ou de uma técnica, segundo Pignarre e Stengers, intervém precisamente aí para que a multiplicidade de criações e conexões entre as criações que são feitas com seus próprios meios sejam consideradas em seus próprios meios, técnicos, de criação. Talvez por isso, inclusive, que Deleuze e Guattari, em *O que é a filosofia?*, ao abordarem o valor da técnica nas criações da arte, parecem agir com muitas ressalvas, sempre subjugando-a aos outros componentes da criação artística. Talvez porque o que esteja em jogo, sobretudo, nesse momento, é o ponto de vista da caoide da arte. A técnica não é uma fórmula idêntica a si mesma e aplicável não importa quando, como e onde. Ela nada explica sobre o acontecimento da criação, se assim for entendida. Se tornaria uma prática vendável, facilmente ensinada, pronta para ser aplicada, mercadoria que está na ordem do dia com todos os tipos de especialistas, empreendedores de otimização do tempo, de gestão do dinheiro, de aprendizados previamente determinados, comunicadores e seus similares que vendem "técnicas de sucesso", de competição, de reconhecimento, que abundantemente se replicam.

Realçar o componente técnico da criação política – de criação de territórios existenciais individuais e coletivos – passa, para Pignarre e Stengers, em instaurar um instrumento que possa contribuir para para que nos protejamos justamente do veneno da adesão a um modelo, a um exemplo, já aí, superestimado, exotizado e fonte de segurança. Pois a técnica deve, sempre, ser pensada no plural e segundo suas multiplicidades. Junto a isso, a criação política pode, também, prescindir da conversão teórica, da verdade dos princípios, que são inseparáveis das políticas homogeneizantes de mobilização e, principalmente, do julgamento, conferindo a posição transcendente de considerar, antes da experimentação e da conexão, aquilo que é ou não criação e resistência. As palavras (as referências, os valores, a história, a herança, as práticas) que se está em vias de utilizar não devem ser ensinadas para que, enfim, todos falem a língua da resistência. São nossas palavras, daquelas e daqueles herdeiros da tradição política, filosófica, do domínio psi, como Guattari, que devem ser capazes de se movimentar transversalmente através do aprendizado que elas podem percorrer diante de uma heterogênese generalizada dos modos de existências e seus modos de expressão. Movimento transversal que fará, inclusive, com que as palavras não existam descoladas de gagueiras, de hesitações, de prudência. Incluído aí o silêncio. Toda uma arte transversalista das conexões. Stengers (2015, 13) escrevia:

> Precisamos desesperadamente de outras histórias, não dos contos de fadas, em que tudo é possível para os corações puros, para as almas corajosas ou para as pessoas de boa vontade reunidas, mas das histórias que contam como situações podem ser transformadas quando aqueles que as sofrem conseguem pensá-las juntos. Não histórias morais, mas histórias "técnicas" a propósito desse tipo de êxito, das ciladas de que cada uma precisou escapar, das imposições cuja importância elas reconheceram. Em suma, histórias que recaem sobre o pensar juntos como "obra a ser feita". E precisamos que essas histórias afirmem sua pluralidade, pois não se trata de construir um modelo, e sim uma experiência prática. Pois não se trata de nos convertermos, mas de repovoar o deserto devastado de nossa imaginação.

A técnica, portanto, não diz respeito a uma propriedade de especialistas que poderiam resolver problemas eternos, universais, não situados e fora de qualquer contingência. As questões técnicas não podem ser opostas às questões políticas, as primeiras designando um saber que seria neutro e, as segundas, os saberes que seriam motivados, ideológicos, intersubjetivos, conscientes. As técnicas, assim, também não podem ser confundidas com as técnicas psicossociais usuais, supostamente neutras, supondo realidades dadas em que elas obterão os resultados idênticos, uma vez que "pretendem valer para todos, isto é, devem sua eficácia a uma definição aparentemente científica do humano, mas que o explicará sempre em termos de submissão, de fraqueza", como escreveram Pignarre e Stengers (2005, 178). Pois é este apoio na fraqueza que é preciso desmontar:

> [...] é extraordinário que quanto mais uma descrição nos caracteriza como submissos (nossos genes, nossos circuitos neuronais, nossas ideologias, nossos sistemas de dominação, nossa posição no campo social, no inconsciente, nossas crenças culturais, etc.) mais ela parece "científica" (idem).

É como se houvesse um paradigma científico que determinasse essas técnicas, a partir da verdade dos princípios em que se fundamentam. E mais: as técnicas, como componentes essenciais da criação política, estão vinculadas ao campo dos efeitos que podem desencadear, isto é, "não se trata, então, de uma regra moral, traduzindo um ideal a que cada um deveria se submeter, mas de uma regra pragmática, cujo valor reside naquilo que a técnica faz existir" (Pignarre e Stengers, 2005, 177). Essa afirmação, talvez, devesse ser entendida em toda a sua literalidade. Ainda que a técnica não faça existir algo sozinha, é justamente sua relevância, distribuindo restrições, funções, movimentos, que permite que modos de sentir, pensar e agir que não poderiam vir à tona possam ser experimentados ou, no mínimo, animados. É por isso que a técnica não é exclusivamente um artifício humano, baseado em atributos universalmente detectáveis em todos. Ela tem o componente humano como artifício de uma criação que envolve outros materiais presentes em um dado agenciamento singular. E o que ela faz existir não são competências. Há uma "indecidibilidade artificiosamente criada" (idem) que ela põe em jogo, um campo de possíveis que se abre e que se deve experimentar em muitos sentidos e direções, às vezes, francamente divergentes e, nem por isso, transcendendo às repercussões mútuas de uma elaboração coletiva (com todos os riscos, perigos, fracassos, que também fazem parte da criação política e que também são fonte de aprendizados).

As técnicas são ritornelos territorializados, extremamente ligados aos territórios existenciais onde são maquinadas e, ao mesmo tempo, evocam o que, nesses territórios existenciais, tem a chance eventual de ser desterritorializado e reterritorializado em outro, isto é, aquilo que pode provocar a constituição, a reativação ou mesmo a persistência de um outro território existencial. Estando aí envolvido, o que não é secundário, o devir do próprio território existencial que a sustenta. O fato dela comportar seu contágio[29] é um componente da técnica – como invenção e sustentação coletiva de um problema, de uma situação que obriga a pensar e transforma continuamente aquelas e aqueles que aí estão vinculados.

---

[29] Ver, a este respeito, as análises de Pignarre e Stengers acerca das técnicas das feiticeiras neopagãs na construção de seus territórios existenciais (*reclaim*) e ainda, correlacionadamente, em torno da pensadora, escritora e ativista Starhawk, as técnicas das ativistas do grupo de ação direta não violenta, no interior das lutas altermundialistas nas revoltas de Seattle, em 1999. Técnicas que, diga-se de passagem, permitiram uma eficaz coexistência com as diferenças táticas presentes nas manifestações, como aquela de grupos como o *black bloc* – cf. toda a quarta parte do livro *La sorcellerie capitaliste: pratiques de désenvoûtement*, intitulada "Avoir besoin que les ges pensent". Em outro domínio, ver a análise de Stengers da função que a técnica ocupa na clínica do etnopsiquiatra Tobie Nathan, notadamente o aprendizado que ele leva a cabo a partir das técnicas dos especialistas das práticas de cura dos povos não ocidentais – cf. a sétima parte, intitulada "Pour en finir avec la tolérance", em Stengers, *Cosmopolitiques II*. Paris: Paris: La Découverte, 1997.

Existem nas técnicas coeficientes de transversalidades imanentes, potências desterritorializantes, tal como os ritornelos existenciais que Guattari (2013, 103) caracterizou, justamente, como "pontos de caosmose que se afirmam como puras entidades de criação", invocando uma repetição que só ocorre através da diferença, no mesmo passo em que não deixa para trás as texturas, os vínculos, os pertencimentos que coletivos, grupos e povos possuem para e ao detonar um movimento de criação. Nas palavras de Pignarre e Stengers (2005, 180), "um acontecimento [que] não é reprodutível, mas é possível explorar as possibilidades que o levam a se repetir".

CODA – PEQUENO GLOSSÁRIO DA POLÍTICA DA EXISTÊNCIA DE FÉLIX GUATTARI

> O agenciamento de criação de um trabalho filosófico, de um trabalho artístico, depende de um clima, de uma escuta potencial, de uma linguagem ambiente, depende, enfim, de 50.000 coisas que não são reproduzíveis, não mais do que a Comuna de Paris ou Maio de 68.
>
> Félix Guattari

Abaixo estão algumas noções[30] de Guattari caracterizadas de modo breve (e, inevitavelmente, com graus de redundância

---

[30] Qualifico como noções (poderia dizer agentes de conexão ou componentes de passagem) para, como comumente ocorre, não as nomear como conceitos – seguindo o pensamento guattariano que, por um lado, caracterizava a singularidade da criação filosófica como arte de criar conceitos e, por outro, o seu gesto de recusar a alcunha de filósofo (com Rolnik, 2005: 370 e 2013: 308). Também penso que o conceito de noção da filósofa Isabelle Stengers (2006a: 153-154) cabe adequadamente para a natureza multivalente dos vocábulos guattarianos: "Uma das significações repertoriadas do termo 'noção' é 'conhecimento intuitivo, sintético e bastante impreciso que se tem de algo" ou "aquilo que precede a experiência". Se deixamos de lado a dimensão um pouco pejorativa dessa definição, poderíamos dizer que uma noção pode, com efeito, preceder a experiência, uma vez que ela designa a maneira que algo em questão "importa", o modo pelo qual vamos nos endereçar a ela. "Não ter a mínima noção…" não significa uma falta de conhecimento, mas, sobretudo, a ausência de qualquer possibilidade de se situar em relação a algo, de engajar com esse algo uma relação qualquer. Uma noção faz prevalecer a questão "com o que estamos lidando aqui?"

em relação às aparições e desenvolvimentos anteriores) segundo as exigências próprias a um pequeno glossário. O fato de serem caracterizações breves não tem nada de banal se levarmos em conta que o estilo de Guattari, por toda a sua obra (livros, artigos, entrevistas, etc.), é instaurado pelo próprio tratamento de recomposição das suas noções. Noções criadas através da recriação de si mesmas para, justamente, funcionarem como ferramentas de recomposição (tanto de um meio ou território devastado quanto do cultivo e cuidado das potências de uma criação enriquecedora da vida).

Esse exercício é estimulado por duas grandes apostas, dois grandes gritos do pensamento de Guattari: a luta contínua contra "um mundo onde tudo se equivale" (1989a, 267) e a confiança de que "outros possíveis são sempre possíveis" (1992b). Formulando como uma questão, essas apostas enfrentam o seguinte desafio: como pensar, agir e até mesmo sentir prescindindo de toda forma de universalismo? Cada noção de Guattari é uma tentativa de prolongar, enfrentar e escapar dessa questão a cada vez que se age, uma vez que não há estabilidade possível que garanta a segurança definitiva que, finalmente, se escapou de uma vez por todas (suposta saída – universalista – do universalismo).

As noções de Guattari, então, não são passíveis de serem definidas. É uma demanda de seu estilo, isto é, as noções estão a serviço de um exercício de pensamento que as compõem e, ao mesmo tempo, que elas não deixam de compor. São noções farmacológicas. São substâncias, no sentido químico, que passam de um meio, de uma prática, de uma situação a outra. É, literalmente, uma ecosofia: "uma sabedoria não contemplativa" (Guattari, 2013, p. 259). Uma determinada noção reage como em certo meio? Devasta? Ajuda um pouquinho na "chegada da primavera"? Impede uma praga de se espalhar? Em que dosagens a própria noção vira uma praga? Há um intenso pragmatismo em Guattari. E o pragmatismo é a farmacologia das noções.

Mas não se desvia do universalismo sem se tentar também escapar do seu irmão siamês, o relativismo: dada uma definição de uma noção, estável e constante, extraem-se suas aplicações em contextos diferentes, com suas significações particulares.

Toda noção guattariana, não podendo receber uma definição, mesmo que contextual, deveria ser apenas caracterizada – tal como pensou a filósofa Isabelle Stengers.[31]

As caracterizações que se seguem, assim, não serão nada se o leitor, em primeiro lugar, não levar em conta que já são expostas em um meio, isto é, como fruto de uma caracterização vinculada aos efeitos que lhe atingiram no tratamento dos problemas deste livro.[32] Não existe caracterização em abstrato.

E, em segundo lugar e mais importante, as noções se enfraquecerão se não forem utilizadas junto a uma eventual imaginação especulativa, considerando, ao mesmo tempo, o desafio, lá onde se está, com o que se tem, no meio de uma

---

[31] "[C]aracterizar, ou seja, colocar a questão dos 'caracteres', é considerar essa situação [a interpretação das noções de Guattari] de modo pragmático: ao mesmo tempo, com base no que podemos imaginar saber, e sem dar a esse saber o poder de uma definição. É o que pode fazer um autor de ficção quando se pergunta o que os protagonistas de sua narrativa são capazes de fazer na situação que ele criou" (Stengers, 2015: 25).

[32] O próprio Guattari elaborou um *"Glossário de esquizoanálise"* para a edição americana de seu livro *A revolução molecular*. Esse glossário foi, posteriormente, modificado e adicionado ao livro *Les années d'hiver*. A partir desse material e através de correspondências com Suely Rolnik, o leitor também encontra um material similar, intitulado "Anotações sobre alguns conceitos", presente no livro *Micropolítica: cartografias do desejo*, elaborado com Rolnik. Cabe lembrar ainda que, com Deleuze, na conclusão de *Mil platôs*, Guattari também fez um glossário dos principais termos desse livro.

prática, de escapar de toda forma de equivalência, do universalismo e do relativismo, e se questionar tanto sobre a aparição de outros possíveis quanto sobre como cuidar da potência de recriação deles.

AGENCIAMENTO. Um arranjo de conexões entre várias entidades incorporais e materiais heterogêneas que faz com que sejam o que são por conta das conexões. Nesse sentido, nada entra ou sai dos agenciamentos, tendo um modo de ser próprio. Agenciamento não é sinônimo de contexto em que algo pode se manter constante apesar das suas variações locais, particulares e relativas. Assim, tudo existe em um agenciamento. É o que é segundo o que pode em um agenciamento. Marcado, fundamentalmente, por uma instabilidade radical que pode promover infinitas relações entre as conexões das entidades que fazem parte de um agenciamento. O que foge ao agenciamento é primeiro, tem o primado, em relação à constituição das conexões. Todo agenciamento, assim, comporta tanto a possibilidade de se destruir, de se recompor e de alteração das conexões (nesse caso, dando origem a um novo agenciamento em que as entidades passam a ser o que são segundo as novas conexões estabelecidas). Um agenciamento pode repetir sua consistência de modo enriquecedor ou parasitário, enrijecido. Agenciamento, portanto, não é sinônimo de algo bom. O desfazimento de um agenciamento é ele mesmo uma força do agenciamento. Não existem desagenciamentos. Mas há relações de transagenciamentos, conexões móveis entre agenciamentos que podem ir em infinitas direções, como, por exemplo, em direção à aniquilação de um agenciamento. Um caso: um agenciamento-alcoólatra.[33] Beber certas bebidas, em certos lugares, em

---

[33] Caso tratado por Deleuze e Guattari (cf. 1980e: 130-131).

certos horários, com certas companhias ou na ausência delas, em certa quantidade. Todo um plano de conexões que permite sustentar uma consistência em que o agenciamento pode se repetir com suas forças e fraquezas. A alteração das conexões, em qualquer entidade que seja, pode implicar a destruição do agenciamento e a entrada em um novo: seja, por exemplo, um agenciamento-suicida, por conta da mudança da bebida e sua dosagem, ou seja em um agenciamento-músico, por conta da alteração das companhias, dos lugares ou mesmo por beber outra bebida em outra dosagem e conseguir certa força para compor, tocar, etc.

ANÁLISE INSTITUCIONAL. Relançamento de Guattari da perspectiva desenvolvida por François Tosquelles, intitulada Psicoterapia Institucional. Com ela, a análise institucional compartilha do essencial, a saber, que a cura da instituição é condição *sine qua non* para que ocorra a cura das pessoas (considera-se, aqui, sobretudo a instituição psiquiátrica). Guattari, no entanto, generaliza esta perspectiva para todo tipo de instituição, seja estrito senso (hospitais, escolas, etc.) ou não (um grupo profissional, uma organização militante, etc.). A análise institucional é uma prática cujas ferramentas funcionam como dispositivos para perceber os elementos que, em uma dada instituição, tem a função de analisar seus próprios impasses, bloqueios, tendências mortíferas e, conjuntamente, as possibilidades de reinvenção e intensificação da própria experiência da instituição. Tais elementos Guattari chamou de analisadores, descentrando a atividade da análise de um indivíduo analista supostamente competente por transcender o que supostamente deve ser analisado na instituição. Um caso: o coletivo francês 22 de Março. Ainda que não tenha sido o único, Guattari (1972, 300-301) ressaltou algumas vezes como esse coletivo, ao mudar modos de organização da esquerda francesa, nos períodos anteriores ao Maio de 68, contestando a hierarquia, a rigidez militar e o sacrifício militante, retomando temas anarquistas acerca da autogestão, das greves selvagens, das barricadas, da ação direta e funcionando concretamente, por exemplo, no modo de articular a palavra, de prescindir de um comitê central e nos processos de tomada de decisão não burocráticos, pôde servir de analisador do movimento revolucionário e, por isso, de catalisador do Maio de 68.

A-SIGNIFICANTE. São signos com uma função existencial: implicam a invenção de novas modalidades de realidades que habitualmente restringimos ao campo material. Agem não sobre o real material dado ou como representação de realidades materiais, mas na própria criação – inclusive de realidades materiais. No entanto, os signos a-significantes, imateriais, quando agem, se tornam indiscerníveis ao que produzem, enquanto uma nova realidade em estado nascente. Em certo sentido, também descorporificam o material, incorporando-o, e permanecem reais. Relações de significações, de representação, etc., estão sempre juntas com os funcionamentos a-significantes dos signos (que deixam de ser apenas signos conformados em uma linguagem qualquer) ou outras realidades incorporais. E vale lembrar que esses signos não formam uma classe de seres particulares. Os signos linguísticos, as palavras com toda a sua carga semântica, denotativa, etc., podem, em certo agenciamento, desempenhar uma função a-significante. Um caso: a música é recorrentemente analisada por Guattari. Por exemplo, a função dela na obra de Proust *Em busca do tempo perdido*. Guattari analisa como a pequena frase musical de Vinteuil, escutada pelo personagem Swann, provoca uma verdadeira ruptura subjetiva em sua vida, catalisa outros universos de referência e o conecta a sensações e lugares inimagináveis. Surge uma nova realidade que não é passível de ser explicada por um suposto significado ou referente da pequena frase de Vinteuil.[34]

Caosmos (caoides) e caosmose. Imanência, indiscernibilidade e, sobretudo, osmose entre caos e cosmos. O caos não é desordem, mas uma possibilidade infinita de algo se conectar com outro algo, sem a garantia que a conexão vá acontecer e vá se manter, sendo, portanto, um esboço de conexão. O caos é um eterno esboço que age caotizando. Assim, carrega virtualmente a possibilidade, igualmente infinita e rica, de criação do novo (instauração de conexões). O caos é portador de uma hipercomplexidade. A osmose entre caos e cosmos, que configura a caosmose, é justamente esse vai e vem incessante entre uma riqueza infinita de possibilidades que coexistem com sua imediata abolição. O cosmos, portanto, como plano de complexidade de composições é indistinguível do caos, que, por sua vez, permanece agindo em toda modalidade de consistência, que tem a força de persistir. O modo pelo qual Guattari concebe um ato de criação passa por aí: um mergulho no caos, capaz de extrair virtualidades e possibilidades existenciais que tornem a riqueza infinita e evanescente do caos consistente e experimentável. Um caso: a filosofia. Como uma prática de criação, com seus meios próprios, mergulha no caos para extrair conceitos ("a filosofia como criação de conceitos"), segundo uma das caracterizações da filosofia que aparecem na obra de Guattari. Os conceitos são caosmos (ou caoides). Mas há algo que sai do caos sob uma forma problemática, indo ao encontro da filosofia que nele mergulha,

---

[34] Cf. as análises de Guattari em "Os ritornelos do tempo perdido", no livro *O inconsciente maquínico: ensaio de esquizoanálise*.

carregando a questão existencial acerca do porquê de se fazer o que se está em vias de fazer – afrontando continuamente o risco de um total não-sentido sem deixar de criar os graus de consistências existenciais que possibilitam recriar um modo de existência digno do nome. "A filosofia como uma maneira de dar a subjetividade a densidade de um acontecimento", segundo a outra caracterização da filosofia feita por Guattari.

MOLAR, MOLECULAR E LINHA DE FUGA. São três modos de consistência existencial. Molar, sucintamente, diz respeito ao âmbito das formas, ao que pode ser reconhecido, contornado e representado. Molecular, às forças invisíveis que em certas relações produzem formas correspondentes. E, ao produzir, nunca o fazem de uma vez por todas, resguardando a possibilidade de outros arranjos. Consequentemente, a produção de outras formas. As formas, por sua vez, não são só epifenômenos das forças, uma vez constituídas, também agem sobre as forças. As linhas de fuga, por sua vez, têm um caráter especial. São um meio de consistência da existência, tal como o molar e o molecular, porém sua consistência está em continuamente colocar, para o que está em vias de surgir, o próprio problema da consistência disto que está em vias de aparecer. Que forças permitem mais rearranjos de formas? Que formas podem incidir sobre outras composições de força? Qual criação abre os possíveis para outras criações e recriações? A linha de fuga é abstrata, no sentido em que é caracterizada, por Guattari, como o que extrai o potencial de um agenciamento, de uma prática, que se enriquece continuamente. A linha de fuga é o que traduz os coeficientes de liberdade e de possíveis de um meio, precisamente por conta do aumento de possibilidade de conexões que carrega entre as formas e forças em que age. Nesse sentido também a linha de fuga é primeira (tem o primado, o que importa pensar) e faz fugir (produz alteração, heterogêneses) no que incide, no que arrasta. A linha de fuga também pode não ser criadora. E, nesse caso, o problema da consistência da existência não pode ser recolocado. A linha de fuga se transforma em morte, em linha de abolição das formas e das forças. Um caso é a concepção guattariana do sintoma:

> [o]s lapsos, os atos falhos, os sintomas, são como pássaros que vêm bater seus bicos no vidro da janela. Não se trata de interpretá-los. Trata-se, isto sim, de situar sua trajetória para ver se eles têm condições de servir de indicadores de novos universos de referência, os quais poderiam adquirir uma consistência suficiente para provocar uma virada na situação (Guattari e Rolnik, 2005: 269).

Um sintoma distribui, no plano molar, formas, hábitos, relações, impasses enrijecidos, que são acompanhados por uma série de afetos que os retroalimentam. Mas esses graus de redundância e de fechamento da situação podem ser revertidos por meio do manejo de índices de hábitos molares e pontas de afetos moleculares que podem favorecer a criação de outro modo de viver – aparição de uma linha de fuga. Em certo sentido, ela já está lá insinuando-se no próprio sintoma, como resistência e como abertura, uma fresta no vidro da janela. Por outro lado, é preciso criá-la, desenvolver ferramentas que possam suscitar outros universos de referências surgirem, criando outras formas de viver ocupadas por outros arranjos de força ou mesmo outros arranjos que fazem as mesmas formas adquirirem outra consistência existencial.

MICROPOLÍTICA. Um modo de conceber a política que tem a pretensão de nos tornar sensíveis à captação das linhas de fuga em um agenciamento considerado. Politizar uma prática, assim, na perspectiva micropolítica, funciona como a busca dos possíveis que podem alimentar a ressingularização contínua da vida, inclusive, talvez sobretudo, diante das práticas e agenciamentos que não são, e não desejam ser, enquadrados por uma inteligibilidade política. A micropolítica é um exercício de uma práxis que a todo tempo tenta sustentar a afirmação da política prescindindo de todo e qualquer universalismo e equivalência. Tudo é política, ainda que nem tudo seja só político. Há na micropolítica um não-político que, talvez, esteja no coração da política mais que a própria política.[35] A micropolítica é, portanto, a política como ato de criação que, posta à prova das linhas de fuga, coexiste com sua própria heterogeneidade. O seu ato de criação são os componentes de passagem, agentes de conexões, capazes de tornar experimentáveis, ao alcance das mãos, as linhas de fuga de um meio considerado. Guattari se dedicou à invenção de inúmeros agentes de conexões (a esquizoanálise e a ecosofia, por exemplo, são dois desses agentes, bem como o "um comunismo da imanência" que, como acrescentava Guattari (2013, 349), "voltará constantemente o cursor sobre práxis ético-políticas que suportam seus próprios universos de referência".

SUBJETIVIDADE. Subjetividade não é uma noção mais charmosa para a consciência, o indivíduo, o sujeito, a natureza humana, cuja causa estaria, ou em um processo unilateral e determinista de construção social, histórico, ou oriunda dos inevitáveis universais da natureza humana (ou, ainda, como

---

[35] Prolongo, aqui, a atitude de Deleuze e Guattari (1991: 51) em pensar a necessidade de um desconhecido, um não incontornável, que age heterogeneticamente no interior de cada prática de criação. A respeito da filosofia, eles escrevem que um "não-filosófico está talvez no coração da filosofia mais que a própria filosofia".

mais habitualmente ocorre, como uma mistura de ambos). Em Guattari, só faz sentido pensar a subjetividade como processo de produção. O que interessa é o processo de produção de uma subjetividade sempre em vias de se fazer. Essa subjetividade não remete, assim, a nenhuma forma de interioridade, mas a uma condensação, uma composição, sempre relativa e precária das heterogeneidades existenciais em jogo, humanas e não-humanas, maquínicas. A multiplicidade de objetividades que, supostamente se oporia à subjetividade diz respeito aos infinitos e nunca abstratos componentes de heterogeneidades que marcam a singularidade de um meio. As subjetividades emergem de um processo igualmente singular de composição relativa das objetividades. E, por isso, aquilo que habitualmente posicionamos como mundo objetivo também contém processos de produção subjetivos. Razão pela qual Guattari considerou que sua concepção da subjetividade é animista. O assim chamado mundo da objetividade de tudo o que é considerado não-humano possui um para-si, um ponto de vista, qualificado e singularizado.

Território existencial e universos de valores. Onde se cultivam os valores que criam o possível, a partir de procedimentos singulares, para relançar as consistências da existência que fazem da vida algo digno de ser experimentado. Os territórios existenciais estão, assim, sempre conectados ao que Guattari chama de Universos de valores (Universos incorporais, universos de referência). Os valores são reservas de vida, repertórios existenciais, são o que importa em um modo de existência que, se desconsiderado ou aniquilado, torna a vida ali elaborada impensável e irrepetível. Todo território existencial, portanto, implica um criacionismo axiológico. Ao mesmo tempo que os valores são criados, e servindo como reserva de recriação, funcionam como sempre tendo existido, inscrevem na ordem do ser novas texturas ontológicas, novos modos de ser do ser para o território existencial a ele vinculado. Eis por que esses valores essenciais compõem um universo singular e não universal.

TRANSVERSALIDADE (E HETEROGÊNESES). É a natureza, a qualidade, a textura, da conexão entre heterogêneos pensada por Guattari. É dita transversal por recusar os dois grandes modelos filosófico-políticos ocidentais de conceber o encontro entre heterogêneos. Por um lado, a hierarquização vertical e, por outro, complementar a ela, a homogeneização horizontal, que, essencialmente, são dois modos de aniquilar a própria possibilidade do heterogêneo existir. A transversalidade é uma noção e, ao mesmo tempo, é o plano do pensamento político de Guattari. Uma aposta e uma maneira não programática de se orientar.[36] As conexões transversais são heterogêneses: conexão entre heterogêneos que, no momento do encontro, não só não perdem as suas heterogeneidades como, a partir delas, por conta delas, além de criarem algo inteiramente novo, recriam-se a si mesmos. A transversal, portanto, é um eixo que deveria ser pensado muito mais como tendo seu funcionamento à maneira de um ponteiro sintonizador de frequências, que permanece como tal, ou seja, exercendo e percorrendo um espectro irredutivelmente transversal, mesmo que em certos casos ele esteja

---

[36] Trata-se, aqui, de outro prolongamento do que foi elaborado por Deleuze e Guattari em *O que é a filosofia?*, a saber, que os conceitos filosóficos constituem e são constituídos por um plano de imanência, assim como as funções científicas e os blocos de sensação estão, respectivamente, atrelados a um plano de referência e um plano de composição. Há, para a prática política, um plano de transversalidade em que se movem as noções ou agentes de conexão do pensamento de Guattari.

mais próximo dos seus eixos-limites: horizontal de um lado, vertical de outro, e mesmo que em outros casos a transversal chegue, inclusive, a se confundir com esses eixos. A transversal, como um oscilador, é marcada por uma irreversibilidade contingencial: a cada momento de parada ou de desaceleração na proximidade de um dos eixos, a linha transversal configura suas precisas consequências e obtém os seus efeitos imanentes sem deixar de, por isso, ser agitada por um contínuo movimento de rearranjamento dos possíveis e de novas marcações.

Referências bibliográficas:

ABREU, Ovídio. *O combate ao julgamento no empirismo transcendental de Gilles Deleuze*. Rio de Janeiro: 7letras, 2022.

ARTAUD, Antonin. Le suicidé de la societé. In: *Œuvres*. Paris: Gallimard, 2004.

BARAKA, Amiri. *Free jazz y conciencia negra (1959-1967)*. Buenos Aires: Caja Negra, 2014.

BENJAMIN, Walter. *Passagens*. Belo Horizonte: UFMG, 2009.

BILLARD, François; TORDJAMM, Gilles. *Duke Ellington*. Paris: Éditions du Seuil, 1994.

BLOCH, Ernst. *O princípio esperança*, v. 1. Rio de Janeiro: Eduerj, 2005.

_____. *O princípio esperança*, v. 3. Rio de Janeiro: Eduerj, 2006.

BORGES, Jorge Luis. Kafka e seus precursores. In: *Outras inquisições*. São Paulo: Companhia das Letras, 2007.

BUIN, Yves. *Thelonious Monk*. Bordeaux: Le Castor Astral, 2002.

CALVINO, Ítalo. *Le città invisibili*. Torino: Einaudi, 1972.

COMOLLI, Jean-Louis; CARLES, Philippe. *Free jazz/Black Power*. Paris: Gallimard, 2000.

CHÂTELET, François. *O capital e outros estudos*. São Paulo: IFCH/UNICAMP, 1996.

COMITÊ INVISÍVEL. *A insurreição que vem*. São Paulo: Baratas, 2013.

_____. *Aos nossos amigos*. São Paulo: n-1, 2016.

_____. *Motim e destituição agora*. São Paulo: n-1, 2018.

DANCE, Stanley. *Duke Ellington par lui-même et ses musiciens*. Paris: Filipacchi, 1976.

DEBAISE, Didier; STENGERS, Isabelle. L'insistance des possibles: pour un pragmatisme spéculatif. *Multitudes*, n. 65, 2016.

DELEUZE, Gilles. Cinéma et Pensée cours 67 du 30/10/1984 – 2. In: *La voix de Gilles Deleuze en ligne, 1984*. Disponível em: http://www2.univ--paris8.fr/deleuze/article.php3?id_article=4.

_____. *L'abécédaire de Gilles Deleuze*. Direção: Pierre-André Boutang. Paris, Montparnasse, 1988.

_____. *Conversações*. São Paulo: Editora 34, 1992.
_____. *Derrames entre el capitalismo y la esquizofrenia*. Buenos Aires: Cactus, 2005.
_____. *A imagem-tempo*. São Paulo: Brasiliense, 2007.
_____. *Deux régimes de fous*. Paris: Minuit, 2010.
_____; GUATTARI, Félix. *L'anti-Œdipe*. Capitalisme et schizophrénie 1. Paris: Minuit, 1972. [Tradução: *O anti-Édipo*: capitalismo e esquizofrenia 1. São Paulo: Editora 34, 2010].
_____; _____. *Kafka*. Pour une littérature mineure. Paris: Minuit, 1975 [Tradução: *Kafka:* por uma literatura menor. São Paulo: Autêntica, 2014].
_____; _____. *Mille plateaux*. Capitalisme et schizophrénie II. Paris: Minuit, 1980. [Tradução: *Mil platôs*: capitalismo e esquizofrenia 2, v. 1. São Paulo: Editora 34, 1995].
_____; _____. *Mille plateaux*. Capitalisme et schizophrénie II. Paris: Minuit, 1980. [Tradução: *Mil platôs*: capitalismo e esquizofrenia 2, v. 2. São Paulo: Editora 34, 1995].
_____; _____. *Mille plateaux*. Capitalisme et schizophrénie II. Paris: Minuit, 1980. [Tradução: *Mil platôs*: capitalismo e esquizofrenia 2, v. 3. São Paulo: Editora 34, 1996].
_____; _____. *Mille plateaux*. Capitalisme et schizophrénie II. Paris: Minuit, 1980. [Tradução: *Mil platôs*: capitalismo e esquizofrenia 2, v. 4. São Paulo: Editora 34, 1997].
_____; _____. *Mille plateaux*. Capitalisme et schizophrénie II. Paris: Minuit, 1980. [Tradução: *Mil platôs*: capitalismo e esquizofrenia 2, v. 5. São Paulo: Editora 34, 1997].
_____; _____. *Qu'est-ce que la philosophie?* Paris: Minuit, 1991. [Tradução: *O que é a filosofia?* São Paulo: Editora 34, 2010].
_____; PARNET, Claire. *Diálogos*. Lisboa: Relógio d'Água, 2004.
DESPRET, Vinciane; STENGERS, Isabelle. *Les faiseuses d'histoires*. Que font les femmes à la pensée? Paris: Les empêcheur de penser em rond/La Découverte, 2011.
FOUCAULT, Michel. *Dits et écrits II*. Paris: Gallimard, 2001.
_____. *A verdade e as formas jurídicas*. Rio de Janeiro: Nau, 2002.
_____. *Microfísica do poder*. São Paulo: Graal, 2005.

_____. *Ditos e escritos V*. Rio de Janeiro: Forense Universitária, 2006.

_____. *História da sexualidade 2*: o uso dos prazeres. Rio de Janeiro: Graal, 2010.

GARCIN-MARROU, F. L'influence du théâtre japonais sur la pensée et le théâtre de Félix Guattari. In: *Coulisses Revue de théâtre*. France: Presses universitaires de Franche-Comté, n. 44, 2010.

GUATTARI, Félix. *Psychanalyse et transversalité*. Essai d'analyse institutionnelle. Paris: Maspero, 1972. [Tradução: *Psicanálise e transversalidade*: ensaios de análise institucional. São Paulo: Ideias e Letras, 2004.]

_____. *L'an 01 des machines abstraites*. 1973. Disponível em: http://www.revue-chimeres.fr/drupal_chimeres/files/23chi03.pdf.

_____. *Desiderio e rivoluzione: intervista a Félix Guattari*. Milano: Squilibri, 1977 [Tradução: *Desejo e revolução*. São Paulo: Sobinfluencia, 2022].

_____. *L'inconscient machinique*. Essai de schizo-analyse. Paris: Recherches, 1979 [Tradução: *O inconsciente maquínico*: ensaios de esquizoanálise. Campinas: Papirus, 1988].

_____. *Lignes de fuite. Pour un autre monde de possibles*. Paris: L'aube, 1979a.

_____. Présentation du séminaire. Les seminaires de Félix Guattari. *Chimères*: revue de schizoanalyses. 1980f. Disponível em: http://www.revue-chimeres.fr/guattari/semin/semi.html.

_____. L'acte et la singularité. Les seminaires de Félix Guattari. *Chimères*: revue de schizoanalyses, 1981. Disponível em: http://www.revue-chimeres.fr/guattari/semin/semi.html.

_____. Transistancialités. Les seminaires de Félix Guattari. *Chimères*: revue de schizoanalyses, 1981a. Disponível em: http://www.revue-chimeres.fr/guattari/semin/semi.html.

_____. Des problèmes. Les seminaires de Félix Guattari. *Chimères*: revue de schizoanalyses. 1981b. Disponível em: http://www.revue-chimeres.fr/guattari/semin/semi.html.

_____. Agencements. Transistances. Persistances. Les seminaires de Félix Guattari. *Chimères*: revue de schizoanalyses. 1981c. Disponível em: http://www.revue-chimeres.fr/guattari/semin/semi.html.

_____. Les temps du rêve. Les seminaires de Félix Guattari. *Chimères*: revue de schizoanalyses. 1983. Disponível em: http://www.revue-chimeres.fr/guattari/semin/semi.html.

_____. Substituer l'énonciation à l'expression. Les seminaires de Félix Guattari. *Chimères*: revue de schizoanalyses. 1984. Disponível em: http://www.revue-chimeres.fr/guattari/semin/semi.html.

_____. La machine – discussion. Les seminaires de Félix Guattari. *Chimères: revue de schizoanalyses*. 1984b. Disponível em: http://www.revue-chimeres.fr/guattari/semin/semi.html.

_____. *Les seminaires de Félix Guattari*. *Chimères*: revue de schizoanalyses. 1985. Disponível em: http://www.revue-chimeres.fr/guattari/semin/semi.html.

_____. *Les années d'hiver* (1980-1985). Paris: Barrault, 1986.

_____. Entrevista. In: *La intervención institucional*. México: Plaza y Valdes, 1987.

_____. *A revolução molecular*: pulsações políticas do desejo. São Paulo: Brasiliense, 1987a.

_____. Ritournelles et affects existentiels (Discussion). Les seminaires de Félix Guattari. *Chimères*: revue de schizoanalyses. 1987b. Disponível em: http://www.revue-chimeres.fr/guattari/semin/semi.html.

_____. *Création extemporanée ou instantanée*. Les seminaires de Félix Guattari. *Chimères*: revue de schizoanalyses. 1987c. Disponível em: http://www.revue-chimeres.fr/guattari/semin/semi.html.

_____. *Cartographies schizoanalytiques*. Paris: Galilée, 1989a.

_____. *Les trois écologies*. Paris: Galilée, 1989b. [Tradução: *As três ecologias*. São Paulo: Papirus, 1990].

_____. Da transferência ao paradigma estético: uma conversa com Félix Guattari. *Cadernos de subjetividade*, n.14. São Paulo, PUC-SP, 1989c.

_____. *Produire une culture du dissensus:* hétérogenèse et paradigme esthétique. 1991a. Disponível em: http://1libertaire.free.fr/FGuattari32.html.

_____. *Chaosmose*. Paris: Galilée, 1992.

_____. *Caosmose*: um novo paradigma estético. São Paulo: Editora 34, 1992a.

_____. *Entretien avec Félix Guattari à la télévision grecque.* 1992b. Disponível em: https://www.youtube.com/watch?v=NAahyYZkrAo.

_____. Guattari na Puc e Guattari, o paradigma estético. *Cadernos de subjetividade*, n. 1, v. 1. São Paulo, PUC-SP, 1993.

_____. Félix Guattari.... In: *Inter*: art actuel, n. 55-56. Quebec: Editions Interventions, 1993a.

_____. El nuevo paradigma estético. In: Schnitman, D. (org.) *Nuevos paradigmas, cultura y subjetividad*. Buenos Aires: Paidos, 1994.

_____. Le cinéma, la grand-mère et la girafe. *Chimères:* revue de schizoanalyses, 1995. Disponível em:https://www.revue-chimeres.fr/IMG/pdf/chimeres26_felix_guattari_abraham_segal_le_cinema_la_grand_mere_et_la_girafe.pdf.

_____. *El devenir de la subjetividad*. Santiago de Chile: Dolmen Ediciones, 1998.

_____. *La philosophie est essentielle à l'existence humaine.* Paris: L'aube, 2002.

_____. As pulsões: entrevista com Félix Guattari. *Cadernos de subjetividade*, n. 1, v. 1. São Paulo, Puc-SP, 2010.

_____. *Máquina Kafka*. São Paulo: n-1, 2011.

_____. *La révolution moléculaire*. Paris: Les Prairies ordinaires, 2012.

_____. *De Leros à La Borde*. Paris: Lignes, 2012a.

_____. *Écrits pour L'Anti-Oedipe*. Paris: Lignes, 2012b.

_____. *Qu'est-ce que l'écosophie?* Paris: Lignes, 2013.

_____. Entretien sur la musique. *Revue Chimères:* Temps pluriels, n. 79, Paris, 2013a.

_____. *Confrontações*. São Paulo: n-1, 2016.

_____. Un changement de paradigme. *Ladeleuziana. Revue en ligne de philosophie*, n. 9, 2019. Disponível em: http://www.ladeleuziana.org/2019/03/03/9-clinica-esquizoanalitica/.

_____; ROLNIK, Suely. *Micropolítica*: cartografias do desejo. Petrópolis: Vozes, 2005.

GOLDMAN, Marcio. Posfácio – recontando outras histórias. In: Goldman, Marcio (org.). *Outras histórias*: ensaios sobre a composição de mundos na América e na África. Rio de Janeiro: 7letras, 2021.

_____. Das oferendas nas religiões de matriz africana. In: *Do outro lado do tempo*: sobre religiões de matriz africana. Rio de Janeiro: 7letras, 2023.

HODEIR, André. *Jazzistiques*. Roquevaire: Parenthèses, 1988.

JALARD, Jean-Claude. *Le jazz est-il encore possible?*. Marseille: Parenthèse, 1986.

JAPPE, Anselm. *Uma conspiração permanente contra o mundo*. Reflexões sobre Guy Debord e os situacionistas. Lisboa: Antígona, 2014.

JONES, LeRoi. *Blues People*: Negro Music in White America. New York: Morrow, 1963.

_____. *Le peuple du blues*: La musique noire dans l'Amérique blanche. Paris: Gallimard, 1968.

LÉVINAS, Emmanuel. *Autrement qu'être ou au-delà de l'essence*. Paris: Kluwer Academic, 1978.

MARX, Karl. *O capital* (livro 1). São Paulo: Boitempo, 2013.

MONK, Thelonious. Special Monk. *Jazz magazine*, n. 306. Paris: Nouvelles Editions Musicales Modernes, 1982.

MOREIRA LIMA, Vladimir. *A partir de Guattari I*: uma política da existência. Rio de Janeiro: Ponteio Edições, 2019.

PIGNARRE, Phillipe. *Comment la dépression est devenue une épidémie*. Paris: La Découverte, 2001.

_____; STENGERS, Isabelle. *La Sorcellerie capitaliste*. Pratiques de désenvoûtement. Paris: La Découverte, 2005.

PONZIO, Jacques; POSTIF, François. *Blue Monk. Portrait de Thelonious*. Paris: Actes Sud, 1995.

POSTIF, François. *Les grandes interviews de Jazz Hot*. Paris: L'Instant, 1989. POSTONE, Moishe. *Tempo, trabalho e dominação social*. São Paulo: Boitempo, 2014.

STENGERS, Isabelle. *Cosmopolitiques I*. Paris: La découverte, 1996.

_____. *Cosmopolitiques II*. Paris: La Découverte, 1997.

_____. Entre collégues et amis. In: Verstraeten, P. e Stengers, I. (orgs.). *Deleuze*. Paris: Librairie philosophique J. Vrin, 1998.

_____. Entre Deleuze e Whitehead. In: Alliez, Eric (org.). *Gilles Deleuze*: uma vida filosófica. São Paulo: Editora 34, 2000.

_____. Félix Guattari, 'non philosophe'? Lettre à Chimères. *Chimères*. Revue des schizoanalyses, n. 43. Paris: Printemps sauvages, 2001.

_____. *Penser avec Whitehead*: Une libre et sauvage création de concepts. Paris: Seuil, 2002.

_____. Deleuze and Guattari's Last Enigmatic Message. *Angelaki*, n. 2. London: Routledge, 2005.

_____. *La volonté de faire science*: A propòs de la psycanalyse. Paris: Les empêcheurs de penser en rond, 2006.

_____. *La vierge et le neutrino*: les scientifiques dans la tourmente. Paris: Les empêcheurs de penser en rond, 2006a.

_____. *Politique du savoir, politique des faits*. 2007. Disponível em: http://www.mul- titudes.net/Politique-du-savoir-politique-des.

_____. *Histoire du milieu*: entre macro et mésopolique. 2008. Disponível em: http://www.inflexions.org/n3_Histoire-du-milieu-entre-macro-et-meso-polique-Entrevue-avec-Isabelle-Stengers.pdf.

_____. *No tempo das catástrofes*: resistir à barbárie que se aproxima. São Paulo: Cosac Naify, 2015.

_____. Uma ciência triste é aquela em que não se dança. Conversações com Isabelle Stengers. *Revista de Antropologia*, v. 59, n. 2. São Paulo, USP. 2016.

_____. *Léguer autre chose que des raisons de désepérer*. 2016a. Disponível em: https:// groupeconstructiviste.wordpress.com/2016/01/13/leguer-autre-chose-que-desraisons-de-deseperer--i-stengers-le-monde/.

_____. Reativar o animismo. *Caderno de leituras*, n. 62. Belo Horizonte: Edições Chão da feira, 2017.

_____. *Résister au désastre*. Paris: Les empêcheurs de penser em rond, 2019.

_____. *Gilles Deleuze's last message*. s/d. Disponível em: http://www.recalcitrance.com/deleuzelast.htm.

THOUREAU, François; ZITOUNI, Benedikte. *Contre l'effondrement*: agir pour des millieux vivaces, *2018. Disponível em: https://lundi.am/un-recit-hegemonique.*

WILDE, Laurent de. *Monk*. Paris: Gallimard, 1996.

WILLIAMS, Martin. *La tradición del jazz*. Taurus: Madrid, 1990.

Vladimir Moreira Lima é doutor em Filosofia (UFRJ), professor adjunto da Universidade do Estado do Rio de Janeiro (UERJ), autor dos livros "Deleuze-Guattari: ressonância mútua entre filosofia e política" (2015) e "A partir de Guattari I: uma política da existência" (2019). Organizador e tradutor de "Desejo e Revolução" de Félix Guattari (2022), publicado pela sobinfluencia edições.

© sobinfluencia para a presente edição

COORDENAÇÃO EDITORIAL
Fabiana Vieira Gibim, Rodrigo Corrêa e Alex Peguinelli

PREPARAÇÃO
Alex Peguinelli e Fabiana Vieira Gibim

REVISÃO
Lígia Marinho e Erick Araújo

PROJETO GRÁFICO
Rodrigo Corrêa

Dados Internacionais de Catalogação na Publicação (CIP)
de acordo com ISBD

L732j Lima, Vladimir Moreira
Jazz e política da existência: a música de Félix Guattari / Vladimir Moreira Lima. - São Paulo : sobinfluencia edições, 2024.
224 p. : 13,5cm x 21cm.

Inclui índice.
ISBN: 978-65-84744-37-0

1. Filosofia. 2. Política. 3. Música. 4. Jazz. 5. Esquizoanálise. 6. Félix Guattari. I. Título.

2024-629   CDD 100
                                                             CDU 1

Elaborado por Vagner Rodolfo da Silva - CRB-8/9410
Índice para catálogo sistemático:

1. Filosofia 100   2. Filosofia 1

sobinfluencia.com

Este livro é composto pelas fontes minion pro e neue
haas grotesk display pro e foi impresso pela Graphium
no papel avena 70g, com uma tiragem
de 800 exemplares